INTRODUCTION

Objectivement fait historique et démographique, l'immigration est devenue un thème de débat politique qui a envahi l'actualité. Pourtant, la mobilité des hommes est une donnée de l'histoire, aussi loin que l'on puisse remonter dans la connaissance de l'occupation du territoire. La France, placée à l'extrémité de l'appendice européen de la plus grande masse continentale du monde, séparée de l'Afrique par une mer intérieure, est l'aboutissement normal des courants migratoires issus de l'Est ou du Sud, sans avoir échappé aux visites des « Nordiques ». Quelle province ou quelle ville ne se flatte-t-elle pas d'un pedigree de l'au-delà des frontières ? les villes grecques et romaines du Midi, ou la Normandie...

La chute précoce de la fécondité nationale, les pertes sévères de la Première Guerre mondiale ont fait de la France, à l'époque contemporaine, un des premiers pays d'immigration, sans qu'elle fasse pour autant figure d'exception en Europe.

Mais son rôle international, les relations avec les pays francophones, les rapports issus de l'héritage de la période coloniale associent, aux migrations de compensation démographique et de recrutement de main-d'œuvre, une circulation permanente d'étrangers se déplaçant pour des raisons culturelles, économiques et de représentation diplomatique. Une longue tradition de terre d'asile, issue de l'idéologie de liberté du XVIIIe siècle et de la Révolution française, en fait aussi un lieu de séjour ou de passage des réfugiés venus des pays de dictature et d'oppression. Tous sont, sur le plan juridique et dans l'imagerie de l'opinion publique, des *étrangers*. Etranger est le représentant en France d'une « multinationale », étranger l'étudiant indien ou brésilien résidant à la Cité Universitaire, étranger le réfugié chilien, vietnamien ou polonais exerçant à Paris une profession inférieure à celle qu'il assumait dans son pays d'origine pour avoir la liberté de parler et d'écrire, étranger l'artiste venu chercher à Paris une inspiration ou une consécration sur la Butte Montmartre ou à Saint-Germain-des-Prés, étranger le représentant à un titre quelconque d'une ambassade, d'une délégation, d'une institution internationale et puis, aussi, plus simplement, l'ouvrier des usines de construction automobile d'Aulnay, l'ouvrier agricole d'un domaine viticole de Corse, le compagnon d'un chantier du bâtiment, l'employé municipal kabyle ou noir et aussi le petit boutiquier du coin de la rue : Italien, Marocain, Turc, Espagnol, Vietnamien, Algérien, Portugais, Sarakolé... Ils sont globalement confondus dans l'anonymat totalisateur et dans les calculs de pourcentage.

La statistique les présente dans un assemblage de sexes, d'âges, de catégories professionnelles, à l'échelle nationale, régionale, départementale, communale, par nationalités principales, par regroupement des « autres » ou des « divers ». Et chacun croit pouvoir tirer l'image qu'il souhaite diffuser, de quelques chiffres clés, qui n'ont plus aucun sens quand on les a sortis de l'ensemble... seule une lecture attentive permet de saisir, à travers les chiffres, les références et les indices, des différences qui, sur le plan social, au point de vue des réalités essentielles de la vie, sont aussi fondamentales qu'élémentaires. Les collectivités étrangères n'ont ni le même poids ni la même signification dans leurs rapports avec l'environnement suivant la diversité des lieux et de leur patrimoine propre. La géographie de l'immigration n'est pas seulement un panorama de la distribution numérique des étrangers dans l'espace national, une étude de la place tenue dans les économies régionales. Elle est une géographie des relations avec l'environnement et des actions réciproques imposées par les nécessités de voisinage et marquant leur empreinte dans le paysage naturel et humain. La statistique est une mesure, la géographie définit des situations, la sociologie des tendances, une préfiguration des possibilités d'avenir.

L'étranger a toujours été, de la part de la population nationale, objet de curiosité. On le reconnaît à la couleur de sa peau, à la forme de son visage, à sa chevelure ou, plus simplement, à la langue qu'il parle. Il est chargé de mystère parce qu'il est différent... Etrange étranger.

Il est suspect dans la mesure où, de gré ou de force, il conserve son identité, ce qui est justement une manière de promouvoir la différence.

Le nombre fait peur, soit à travers la publication des statistiques, soit du fait de la concentration des étrangers dans des quartiers souvent déshérités, soit par leur errance dans la rue et les lieux publics. L'étranger devient alors thème de débat politique et victime d'une sensibilité où l'irrationnel déborde le simple constat des faits.

La xénophobie entre dans l'imaginaire collectif, elle se concrétise à l'égard de ceux qui portent sur eux le signe de leur altérité. De la xénophobie on passe au racisme. L'incident le plus banal auquel est mêlé un étranger alimente, par l'intermédiaire de l'« information », une mythologie où la peur conduit au rejet, où les dimensions sont multipliées par un effet d'optique psychologique grossissant et déformant.

L'étranger est partout, il met en péril la quête de l'emploi, l'identité nationale, la sécurité quotidienne... mais si on entreprend simplement un comptage et une localisation, le mythe se dégonfle : un étranger sur 12 habitants, moins de 8 %. En séparant ceux qui appartiennent à la même famille culturelle que les Français et qui ont contribué depuis des générations au renouvellement de la population française, Belges, Italiens, Espagnols, plus récemment venus, Portugais, de ceux dont la charge ethnoculturelle pose des problèmes, on ne retient plus qu'un étranger sur 25 ou 30 habitants. Seulement, la perception ne s'effectue pas à la lecture objective des statistiques, mais à l'occasion de la rencontre et du voisinage. Elle procède de l'inégalité de la répartition des étrangers et d'une généralisation imaginaire de données locales. Le problème est donc pour une part géographique avant d'être sociologique, psychologique et politique.

Quel peut donc être le cheminement d'une étude des étrangers en France ? Certainement pas de reconstituer le cursus ou la vie quotidienne, à Paris ou dans une grande métropole, du diplomate, de l'agent d'affaires, de l'étudiant, que la statistique par nationalité range dans la catégorie « divers » et par catégorie professionnelle au niveau des cadres supérieurs. C'est assurément de répondre aux questions que chacun se pose en lisant les journaux et en écoutant les discours. Combien sont-ils exactement ? Où sont-ils ? Que font-ils ? Combien seront-ils demain ?

Et de qui s'agit-il ? de la masse des travailleurs immigrés, de leurs familles, de leurs enfants qui ont grandi dix ou vingt ans dans les cités d'urgence, les habitats sociaux de Nanterre, de Gennevilliers, de Vénissieux, ou dans les taudis du centre de Marseille. Et s'il faut se limiter à un sujet majeur, mais qui n'est pas exhaustif en la matière, l'étude des étrangers en France, il faut, en même temps, lui donner un sens en accompagnant l'intention d'*approche géographique*, d'une épithète : géographie *humaine*, certes, c'est-à-dire tout à la fois anthropologique, sociologique, économique, culturelle, mais aussi géographie *politique*, car une analyse de cet ordre ne peut être indifférente. Elle implique par nature et par nécessité la recherche − le choix appartient à d'autres − des solutions à apporter à un problème sans précédent dans l'histoire, par sa dimension et par ses aspects qualitatifs, mais qui n'est pas unique dans la géographie, parce qu'il se pose sous des formes différentes, mais homologues, dans tous les grands pays industriels, face à la détresse et à la pression démographique des pays sous-développés.

1

UN PHÉNOMÈNE EUROPÉEN ET CONJONCTUREL

Flux de longue durée et changements de contenu

S'il est souvent question de l'accroissement du nombre des étrangers en France, sensible au cours de la période 1946-1975, mais très ralenti depuis dix ans, le fait marquant en ce qui concerne les migrations de population dans les pays européens à l'époque contemporaine est leur généralisation. Des pays où la présence d'étrangers n'avait jamais été ressentie en raison de sa discrétion, sont devenus, depuis la Seconde Guerre mondiale, des pays d'immigration. On y enregistre des pourcentages d'étrangers supérieurs à celui qui est relevé en France, 14 % en Suisse, 9 % en Belgique, 7,5 % en République fédérale allemande (France 7 % en 1982) ou très voisin, plus de 5 % en Angleterre et en Suède. Il s'agit, dans certains cas, de renversement de tendances. Si la Suisse en est l'exemple le plus spectaculaire, puisqu'elle fut, jusqu'au début du XXᵉ siècle, un pays d'émigration, l'Italie a franchi le seuil du changement de sens de la migration et, pour le moins, associe émigration de plus en plus réduite, immigration et migrations intérieures.

L'immigration est un phénomène constant dans une Europe fractionnée en petites unités territoriales nationales dont les frontières sont perméables et où les besoins circonstanciels d'un complément de force de travail ont toujours engendré le plus naturellement un appel aux réserves des pays voisins. Episodiquement, des « accidents » d'ordre politique ont provoqué des migrations spécifiques qui sont des migrations de réfugiés, qui, à moyen ou à long terme, s'enregistrent dans les structures de la population active. La plus récente est celle des républicains espagnols en 1939. Mais l'élément permanent, depuis le début de la révolution industrielle, est le transfert de main-d'œuvre des régions à forte pression de population rurale vers les usines et les villes qui leur sont associées. Jusqu'à la Seconde Guerre mondiale, les deux principales réserves de population ont été l'Italie et la Pologne. Les migrations numériquement importantes issues de ces pays s'associent à des migrations plus discrètes de collectivités brimées, Arméniens, Juifs d'Europe centrale et orientale. Aucun pays industriel n'échappe à ces mouvements, mais ils sont inégaux jusqu'à la Seconde Guerre mondiale, la France étant le principal pays d'accueil en raison de la précocité de la « transition démographique » épuisant, plus rapidement que dans les pays voisins, les réserves rurales.

La généralisation de l'immigration à des taux dépassant 5 % de la population totale correspond à la reprise de la croissance industrielle après la guerre et, sous des formes diverses, aux effets migratoires de la décolonisation.

L'événement important de cette période, sur un plan géographique aux multiples incidences, est le tarissement des sources de migration de la première moitié du XXᵉ siècle. La Pologne se replie sur elle-même et est enfermée dans le système politique et économique de l'Europe orientale, l'Italie absorbe son propre stock de « méridionaux » dans sa nouvelle économie industrielle du Nord. Au moment où les régions industrielles de l'Europe, en Grande-Bretagne, en Allemagne, en France, en Belgique et aux Pays-Bas, même dans les pays scandinaves, appellent des travailleurs pour répondre à des besoins que l'on considère généralement comme limités dans le temps, les sources traditionnelles sont asséchées. Deux pays méditerranéens seulement continuent à fournir des travailleurs aux pays industriels, le Portugal et la Grèce.

Les 12 à 15 millions d'étrangers introduits dans les pays industriels, comptabilisés en 1982, auront été demandés en grande partie à des populations de pays sous-développés.

Cette demande coïncide avec la décolonisation, et celle-ci s'accompagne, sous des formes sociologiques et politiques très diverses, d'une offre de main-d'œuvre qui présente les avantages apparents d'être préparée par les rapports antécédents à une coopération économique et sociale (pratique de la langue courante, un certain patrimoine commun de mémoire collective obscurci par des éléments conflictuels). Les pays qui possédaient des empires reçoivent des travailleurs issus des pays décolonisés, Indiens, Pakistanais, Antillais au Royaume-Uni, Maghrébins, Africains noirs en France. L'Allemagne, qui avait suppléé à l'absence d'empire colonial par la création de relations de domination économique avec les Balkans et la Turquie, est pays d'immigration yougoslave, grecque et turque. Les pays scandinaves sont à l'extrémité septentrionale des antennes migratoires des grands pays industriels et reçoivent des Asiatiques, des Maghrébins, pour compenser la pénurie de travailleurs italiens.

Deux données s'entrecroisent dans la prise en considération de l'immigration ; la première est une donnée numérique exprimée en nombres absolus et en proportions au niveau national, régional et local, la seconde est une donnée qualitative : la perception de la *différence*. Et c'est celle-ci qui donne à l'immigration de cette seconde moitié du siècle son originalité et aux rapports entre populations autochtones et immigrés un nouvel écho d'incompatibilité.

En Allemagne, le grand afflux de population active étrangère date du début de la décennie 1960[1]. Le mouvement épouse les variations du marché de l'emploi.

La plus forte proportion d'étrangers dans la population active est atteinte en 1973 : 9,5 %. La récession marque un terme à l'appel de travailleurs étrangers, s'accompagne de pressions multiples pour encourager le retour de travailleurs désormais en surnombre. Mais simultanément, en conformité avec la réglementation en vigueur ou illégalement, les regroupements familiaux s'opèrent de telle sorte que la population étrangère totale augmente au moment même où la population étrangère active diminue. En 1982, la population de la République fédérale allemande compte 4 667 000 étrangers et plus d'un million de ces étrangers sont des jeunes de moins de 16 ans ; 600 000

---

1. Pierre GEORGE, *Les Migrations internationales*, Paris, Presses Universitaires de France, 1976, pp. 147-169.

sont nés sur place[1]. Certaines régions industrielles ont été des foyers d'attraction exceptionnelle : le *Land* de Bade-Wurtemberg est, à cet égard, le plus représentatif avec près de la moitié de la main-d'œuvre constituée d'étrangers dans des secteurs industriels tels que la construction automobile, le travail du verre, celui du bois et du papier, les industries du cuir, et, naturellement, les chantiers du bâtiment et des travaux publics, sans compter le secteur important, mais par nature mal assuré, du *Schwarzarbeit* (travail noir)... Or, qui sont ces étrangers ? des originaires de la Communauté économique européenne à l'égard desquels on ne peut pas dresser d'obstacle légal à l'immigration, des Grecs, des Espagnols, des Portugais, encore quelques Italiens, mais surtout des Yougoslaves et des Turcs.

Au Royaume-Uni, où l'on a établi une législation compliquée pour filtrer les entrées à partir des pays du *Commonwealth,* les anciennes colonies et l'étranger, la population étrangère est officiellement d'un peu plus de 2 millions du fait qu'une partie des originaires du *Commonwealth* et, à plus forte raison, leur descendance, bénéficient de la nationalité britannique. Les Européens sont peu nombreux, un peu moins d'un demi-million d'Irlandais, 100 000 Italiens. L'essentiel est représenté par les « hommes de couleur » venus du subcontinent indien et des Antilles, qui constituent des ghettos de protestation sociale et politique dans les grandes agglomérations industrielles.

Le problème français est présenté comme spécifique en raison de la part croissante des originaires des pays musulmans dans l'immigration. Il s'agit plus d'une différence de proportion que d'une situation de fond. Au début de la décennie 1970, 500 000 Turcs vivaient en République fédérale allemande, en 1981, près de 200 000 originaires du Maghreb et de Turquie étaient recensés en Belgique (environ 2 % de la population totale – en France 2,9 % –, 8 % de la population de la région de Bruxelles, 5 % de celle de la région Ile-de-France). A la

---

1. R.E. VERHAEREN, *Du Gastarbeiter à l'immigré*, République fédérale allemande, Paris, La Documentation française, Problèmes économiques et sociaux n° 530, 21 février 1986.

même date, on estimait à près de 4,5 millions de personnes, le nombre d'originaires du Maghreb ou de Turquie dans les pays de la Communauté économique européenne, 2,2 % de la population des cinq pays du nord-ouest de l'Europe, France, Royaume-Uni, République fédérale allemande, Belgique et Pays-Bas. Aucune des deux réalités de l'immigration, son poids numérique dans la population totale et son hétérogénéité, marquée surtout par la présence d'une importante minorité issue de pays musulmans, ne peut être considérée comme une donnée spécifiquement française. A peine peut-on noter une pression plus forte de l'immigration maghrébine assortie d'un contentieux d'ordre historique.

Plus que l'accroissement de la présence étrangère en France, plus que l'intrusion de collectivités hétérogènes dans la population immigrée, l'originalité de la pénétration des étrangers en France est la chronicité du phénomène sur la longue durée. S'il y avait homogénéité dans la continuité, comme ce fut le cas jusqu'au milieu du siècle, cette chronicité tendrait à montrer que l'immigration ne pose que des problèmes momentanés. Partout, la présence étrangère est perçue à travers une loupe grossissante du fait de la concentration des immigrés dans un petit nombre de *régions sensibles,* parce qu'il s'agit des vieilles régions industrielles actuellement soumises à des opérations de conversion technique qui s'accompagnent de modifications des structures, de l'extension d'un chômage chronique. Elle se manifeste par nature sous forme d'agglomérats dans les grandes villes où les concurrences pour l'accès au logement, les mésententes issues de la promiscuité et de l'inconfort donnent à l'immigration un caractère critique générateur de conflits et de marginalité.

Le renforcement des structures familiales de l'immigration, au cours des deux dernières décennies surtout, a engendré un nouveau champ de perception de l'étranger, celui de l'école, et cela d'autant plus que l'habitat des immigrés est concentré dans des quartiers urbains qui ont de plus en plus tendance à prendre figure de ghettos et, qu'à la première génération au moins, les ménages conservent le taux de fécondité du pays d'origine.

Cinquante ans d'histoire

L'accroissement du nombre des étrangers en France procède de plusieurs types de causes qui se projettent différemment sur le temps.

Le premier facteur d'attraction est une manière d'« appel au vide » résultant de la faible fécondité de la population française depuis un siècle et de la désertion de certaines régions, y compris des régions proches des frontières (Alpes et Pyrénées surtout). Cet appel s'effectue tout particulièrement à travers des frontières perméables qui séparent des collectivités culturellement très proches et liées par des relations migratoires et familiales séculaires. Il donne lieu à une insertion continue dans la communauté nationale, sinon à la première génération, du moins à la seconde. Cette immigration démographiquement compensatoire est en même temps une immigration économique répondant à des offres d'emplois ou d'établissement que la population nationale ne peut ou ne veut satisfaire : effets de l'exode rural, demande de main-d'œuvre des chantiers mobiles. Elle est la plus ancienne, irrégulière, mais maintes fois répétée : sous le Second Empire, 655 000 étrangers, près de 2 % de la population nationale, dont 272 000 Belges, 100 000 Italiens, 33 000 Espagnols, 42 000 Suisses. En 1891, 1 130 000 étrangers, dont 466 000 Belges, 266 000 Italiens, 83 000 Suisses, 83 000 Allemands, 78 000 Espagnols, au total, 2,9 % de la population française.

Tandis que cette forme de migration est un phénomène de longue durée, avec des constantes de proportions respectives des nationalités concernées tout au cours du dernier siècle, les guerres provoquent des appels plus circonstanciels liés aux besoins de main-d'œuvre issus des travaux de reconstruction et de relance de l'économie.

Le choc le plus sévère à cet égard a été celui de la Première Guerre mondiale, au lendemain de laquelle le nombre des étrangers augmente de près de 140 % (entre les recensements de 1911 et de 1926) et la proportion des étrangers dans la population totale passe de moins de 3 % à plus de 6,5 %. A l'osmose frontalière permanente, mais discrète, se substituent de véritables *courants organisés,* qui modifient les rapports numériques entre les collectivités. En 1931, au moment où l'immigration atteint son maximum au cours de la période intermédiaire entre les deux guerres, les Italiens sont passés au premier rang (30 % des étrangers), et la migration n'est plus seulement frontalière ; les Piémontais sont relayés par les montagnards du Trentin et de la Vénétie, par les paysans pauvres de l'Italie centrale et, pour une plus petite part, par des « Méridionaux ». Le nombre des Espagnols a beaucoup augmenté (352 000), trois fois plus qu'en 1911, mais le second groupe après les Italiens est constitué de Polonais venus par trains entiers à l'appel des compagnies minières du Nord et du Pas-de-Calais, ou même du Centre : un demi-million. La crise économique de la décennie 1930 ralentit l'immigration, détermine des retours spontanés ou organisés, pour une partie des Polonais notamment. Le nombre des étrangers n'est plus que de 2,2 millions, en 1936, et leur part dans la population totale tombe à 5,3 %.

Bien que moins meurtrière pour la France que la Première Guerre mondiale, la guerre de 1939-1945 a gravement désorganisé le marché du travail au moment même où la composition par âge de la population révélait, pour les jeunes arrivant à l'âge actif, le déficit des naissances des années de la Première Guerre mondiale. Aux données matérielles de la démographie et de l'économie s'ajoute une psychose de la décadence exprimée par des associations comme l'*Alliance française contre la dépopulation,* l'introduction d'informations démographiques auprès du personnel enseignant, la reconnaissance de la démographie comme science sociale d'intérêt national. On développe la peur du déclin de la fécondité et de l'incertitude du renouvellement des générations, toutes idées lancées à la veille de la guerre, mais qui n'avaient pas eu le temps de se répandre. Si le réveil de la fécondité est un objectif de portée lointaine, le colmatage des zones faibles de la population par l'immigration paraît le plus souhaitable à intérêt immédiat et à intérêt différé. La nouvelle phase d'appel à l'immigration s'inspire en effet de considérations directement démographiques. Il s'agit de compenser la chute de la fécondité nationale par le recours à une « fécondité importée » en même temps que la force de travail, ce qui suppose, sans en définir exactement la forme, l'intégration à terme du flux migratoire dans l'évolution globale de la population nationale. Dans le déroulement même des faits, les différents facteurs de recours à l'immigration interviennent en proportions inégales suivant les périodes ou les « sous-périodes » de l'immigration. Aussitôt après la guerre, deux préoccupations coïncident : le besoin de main-d'œuvre pour la reconstrution et les grands chantiers, notamment ceux de l'équipement électrique, et le souci de rajeunissement de la population. L'objectif est une immigration familiale et durable, facilement intégrable à la communauté nationale. A cet égard, l'immigration idéale est celle des voisins les plus proches, d'acculturation sans problème, dans la mesure où elle se compose de familles de plus de trois enfants, assure dans l'immédiat la force de travail dont l'économie a besoin, et se fixe au lieu d'accueil : Italiens ou Espagnols. En 1946, les Espagnols, en grande partie des réfugiés de la guerre civile, sont plus de 300 000, les Italiens 450 000. Les effectifs les plus élevés seront atteints, en 1968, pour les Espagnols, 607 000, en 1962, pour les Italiens, 628 000. Ces chiffres, encore que réduits par le jeu des naturalisations relativement rapides d'une partie de l'apport migratoire, sont très inférieurs aux objectifs de l'*immigration démographique,* telle qu'elle avait été définie par les études théoriques et même par les évaluations plus prudentes des organismes publics (Office national de l'Immigration, Commissariat au Plan...). L'immigration traditionnelle ne répond même pas aux besoins de main-d'œuvre considérablement accrus par l'accélération de la croissance au cours de la décennie 1960, du fait de la concurrence ouverte sur les marchés de l'emploi des pays d'origine des migrants, en Italie en particulier. Or, ce sont ces besoins de main-d'œuvre qui vont guider la politique d'immigration pendant cette période : appel de main-d'œuvre avant tout, d'autant plus que l'augmentation du nombre des naissances depuis la fin de la guerre crée l'illusion d'une entrée dans un nouveau cycle de fécondité. Il n'apparaît plus souhaitable d'appeler des familles dont les enfants pourraient plus tard entrer en concurrence avec les nouveaux jeunes Français sur le marché du travail ; l'immigration de circonstance est une immigration temporaire calibrée et renouvelée suivant l'évolution de la conjoncture économique.

Cette inflexion de la politique migratoire survient au moment où les sources de l'immigration de voisinage se sont taries.

La décennie 1960 est celle de l'oubli des perspectives d'intégration démographique et, de ce fait, de l'indifférence à l'égard des facultés d'intégration durable des immigrants. La politique d'immigration est essentiellement économique et ne prend plus en compte les formes et les conséquences d'une éventuelle installation durable des *travailleurs immigrés*. Cette indifférence explique, par ailleurs, le peu d'attention apportée à leurs conditions de logement et de vie matérielle. C'est l'époque des « bidonvilles » et des hôtels meublés, au mieux des foyers de travailleurs isolés.

A la fin de la décennie seulement, le gouvernement revient à une politique d'immigration durable, qui implique la reconstitution des cellules familiales sur le sol français. Les difficultés économiques engendrées par la « première crise pétrolière » au début de la décennie 1970 et des incidents induits, résultant du chômage et de la concurrence sur le marché de l'emploi autant que des difficultés de cohabitation, conduisent progressivement au ralentissement de l'immigration de travailleurs tant de la part de la France, pays d'accueil, que de celle des pays de départ. Si les effectifs d'étrangers continuent à augmenter, d'ailleurs légèrement, c'est en très grande partie du fait des « regroupements familiaux » et des naissances d'enfants issus de ménages d'étrangers résidant en France.

A ce propos, il est opportun d'évoquer l'évolution de toute population étrangère : l'effectif à une date donnée résulte de la balance entre les entrées et les sorties. A quelques années d'intervalle, suivant les cas, il peut s'agir, pour un même nombre, des mêmes individus ou d'une population très différente qui s'est substituée en nombre égal à une population repartie dans le pays d'origine. D'autre part, au mouvement migratoire se superposent des changements de statut. L'étranger peut disparaître des comptes des immigrés par acquisition de la nationalité française (naturalisation de l'immigré, acquisition de la nationalité par mariage, par accès des jeunes étrangers nés en France à l'âge de la majorité). Dans ces conditions, on ne saurait s'attarder utilement à la recherche de chiffres réputés exacts et en fait non significatifs, qu'il s'agisse des données du recensement ou de celles des évaluations du ministère de l'Intérieur[1]. Pour qui s'intéresse à une analyse globale du phénomène migratoire, de la situation et de la localisation des étrangers, il est raisonnable de s'en tenir aux grands nombres et aux nombres arrondis.

Le paradoxe auquel la politique et le comportement des Français doivent faire face est qu'au moment où l'on choisissait à nouveau une stratégie de fixation familiale impliquant des perspectives de renouvellement sur place des générations et, par la suite, de croissance naturelle générale, les composants de l'immigration ont changé. En 1954, les « Européens » constituent plus des trois quarts de l'immigration, en 1962, encore près des trois quarts. En 1975, ils ne sont plus que 60 % et, en 1982, 47 %. En même temps, leur répartition par nationalité s'est modifiée. En 1962, 42 % des immigrants européens sont des Italiens, 28 % des Espagnols (70 % pour les deux nationalités méditerranéennes contiguës). En 1982, les Italiens ne sont plus que 9 % des Européens, les Espagnols 8,5 %... Les Portugais, qui ne figuraient dans le total des Européens que pour 3 % en 1962, sont 44 % des immigrants originaires d'Europe la même année (*fig. 1 et 2*).

Toutefois, la transformation la plus importante de l'immigration est la substitution, à la moitié de l'ancienne immigration européenne, d'une immigration maghrébine à laquelle s'ajoute un petit contingent de Turcs venus après un séjour de plus ou moins longue durée en République fédérale allemande ; au total, en 1982, plus d'1,5 million venus de pays musulmans, non comptés ceux originaires d'Afrique noire, soit très près de la moitié de la population étrangère résidant en France. Cette proportion, légèrement supérieure à celle que l'on enregistre dans les pays voisins, notamment en Allemagne, procède des relations historiques de la France avec l'Afrique du Nord. Contrairement aux apparences, la guerre d'Algérie elle-même n'a jamais interrompu le flux migratoire qui est calibré circonstanciellement par les besoins de main-d'œuvre de l'économie nationale. L'immigration algérienne associe une immigration

---

1. 3 680 000 étrangers en France d'après le recensement de 1982, 4 223 000 d'après les évaluations du ministère de l'Intérieur.

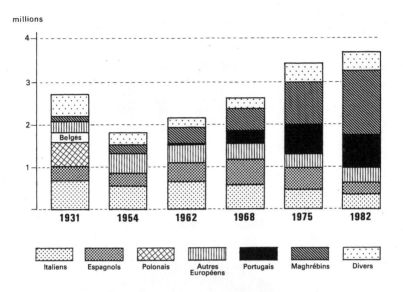

Fig. 1. – Les étrangers en France par nationalité,
en 1931, 1954, 1962, 1968, 1975 et 1982.

spontanée, par filières de familles ou de villages, à une immigration organisée par les agences de main-d'œuvre, comme elle l'avait été au lendemain de la guerre pour les travailleurs italiens – et contrôlée par l'Office national de l'Immigration, qui a pour mission d'assurer l'équilibre entre les offres d'emploi et les transferts de main-d'œuvre. Elle fait figure de processus continu depuis la fin de la décennie 1950 jusqu'au début de la décennie 1970. En raison des relations historiques, y compris des relations conflictuelles de la période contemporaine, le fait maghrébin en soi recouvre plusieurs réalités qui ne sont pas toujours en harmonie et mal définies sur le plan juridique. S'il n'y a aucune ambiguïté en ce qui concerne l'immigration tunisienne ou marocaine, si ce n'est que l'immigration spontanée et pour une part clandestine est plus fréquente de la part des Tunisiens que de celle des Marocains, il n'en est pas de même pour les Algériens. Ainsi, aux 800 000 Algériens recensés comme tels, il faudrait ajouter les anciens militaires, les harkis et leurs familles – on a avancé le chiffre de 500 000. Presque autant d'enfants, issus d'au moins un parent d'origine algérienne ou de parents nés en Algérie avant l'indépendance, ont la

Étrangers en 1962 : 2 170 000

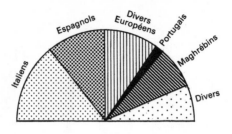

Étrangers en 1982 : 3 700 000

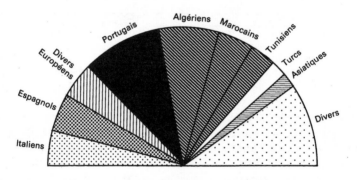

Fig. 2. – Répartition des étrangers en France en 1962 et 1982 par nationalité.

nationalité française, mais se rattachent culturellement à l'ethnie algérienne et sont souvent déclarés comme Algériens.

De dimension plus modeste, l'immigration tunisienne est, elle aussi, une immigration relativement ancienne, c'est-à-dire ininterrompue depuis un peu plus de vingt ans, mais toujours à rythme modéré... L'appel à la main-d'œuvre marocaine, dont certaines entreprises industrielles ont pris l'initiative au cours de la décennie 1960, est plus récent, mais a donné lieu à une accélération plus rapide. En 1954, il y avait, en France, 10 000 Marocains et 200 000 Algériens. Moins de trente ans après, les Marocains sont 431 000, tandis que le nombre des Algériens n'a pas tout à fait quadruplé (environ 800 000).

L'arrêt de l'immigration des travailleurs algériens, la réduction des autres courants, sauf celui de l'immigration marocaine, du fait de la crise économique après 1973, met un terme à la période de grand afflux de main-d'œuvre étrangère de la période 1954-1975 pendant laquelle le nombre total des immigrés avait doublé (de 1 765 000 à 3 442 000). Bien que relativement limité, le nombre des retours n'est pas négligeable dans les diverses communautés, surtout en ce qui concerne les Espagnols et, à un moindre degré, les Italiens.

Pourtant, l'effectif de 1982 est supérieur d'un tiers à celui de 1975. Cet accroissement est dû à deux causes : l'augmentation du contingent marocain, qui a presque doublé en sept ans (431 000 contre 260 000) et les regroupements familiaux, se soldant par l'arrivée de femmes et d'enfants. Ainsi, dans la population algérienne installée en France, le nombre des hommes était de 483 000 sur 710 000 immigrés des deux sexes, en 1975, soit 67 %. En 1982, il n'a augmenté que de 8 000 unités, tandis que le nombre total des Algériens des deux sexes s'élevait à près de 800 000.

Le nombre des femmes est passé au cours de la période intercensitaire de 227 000 à 304 000, soit une augmentation de 77 000. Pour la même raison, il y a rajeunissement de l'ensemble : les moins de 17 ans étaient, pour l'ensemble des Maghrébins, 370 000 en 1975, 33 % de la communauté ; ils sont 600 000 en 1982, plus de 40 % [1].

Une autre conséquence de l'arrêt du mouvement migratoire des travailleurs de sexe masculin et du regroupement familial est la stabilisation des collectivités étrangères sur le sol national. Celle-ci est d'autant plus durable que les conditions de retour sont problématiques.

La communauté portugaise est la plus sollicitée par les possibilités de réinsertion dans le pays d'origine avec promotion sociale. La durée du séjour n'est donc pas une garantie d'implantation définitive.

---

1. Les régularisations de la situation de clandestins, en 1981, ont augmenté le nombre des immigrés officiellement reconnus de plus de 100 000 unités.

Il n'en est pas de même pour les Maghrébins à qui la route du retour est pratiquement fermée par la poussée démographique nationale qui charge le marché de l'emploi au-delà de ce qu'il peut absorber. Sur un plan théorique, l'accession à une qualification professionnelle, la disposition d'un petit capital d'installation devraient faciliter le recasement dans l'économie et la société d'origine.

L'expérience montre que les succès dans le rapatriement sont exceptionnels, relativement peu appréciés dans le pays d'origine, et que le fossé se creuse très vite entre les jeunes qui n'ont pas quitté l'Afrique et les enfants de la « deuxième génération » d'émigrés.

En fait, il y a vieillissement sur place et renouvellement des générations *in situ*. Deux étrangers sur trois, recensés en 1982, étaient déjà en France depuis plus de dix ans, quatre sur cinq ont déjà été recensés en 1975[1].

La stabilisation des immigrés, la reconstitution des cellules familiales, la multiplication des naissances d'enfants issus de couples étrangers substituent à des *équipes de travailleurs* de 20 à 40 ans, hommes seuls vivant dans les conditions matérielles et psycho-sociales de célibataires, envoyant une partie de leurs gains au pays d'origine, et, pour y parvenir, vivant en France dans des conditions marginales, *une population*. On entendra par là un groupe évoluant vers une structure biologique et démographique banale, ressemblant plus ou moins fidèlement à celle de la communauté d'origine et, de ce fait, différant plus ou moins de celle de la communauté d'accueil : 30 % des ménages ayant plus de trois enfants pour les Algériens et les Marocains, 45 % pour les Turcs, contre 6 % seulement pour les Français.

Cette population ne se superpose pas géographiquement à la population nationale. Elle constitue des agrégats spécifiques localisés. L'immigration des décennies 1920-1930 se partageait entre les régions industrielles, spécialement les régions minières, les aires de grands chantiers du bâtiment, notamment la région

---

1. Entre les deux recensements, près de 100 000 enfants sont nés en France de ménages étrangers.

parisienne où les Italiens ont été les grands bâtisseurs de pavillons, et les campagnes qui utilisaient encore beaucoup d'ouvriers agricoles (plus de 2 millions).

Les exploitations de cultures délicates du Midi, requérant beaucoup de soins manuels, cultures florales de la Côte d'Azur, cultures maraîchères et fruitières du Midi, vignobles du Languedoc ont employé jusqu'au lendemain de la Seconde Guerre mondiale des effectifs importants d'Italiens et d'Espagnols dont beaucoup se sont fixés en France. Les grosses fermes de céréaliculture et de culture betteravière du Bassin parisien ont fait appel, dans le même temps, à des ouvriers agricoles polonais, qui se sont plus difficilement intégrés.

La mécanisation de l'agriculture a réduit au dixième l'effectif des ouvriers agricoles et supprimé presque complètement la main-d'œuvre agricole immigrée, sauf dans certains types de structures agro-alimentaires qui font appel aujourd'hui à des Marocains (ci-dessous p. 69). Depuis trente à quarante ans, l'immigration est devenue un *phénomène strictement urbain,* même quand, exceptionnellement, une population étrangère employée dans des usines urbaines s'établit dans des villages péri-urbains abandonnés (l'exemple des Portugais à Clermont-Ferrand). Phénomène urbain, l'immigration est en même temps un problème urbain parce que la ville traditionnelle et la société urbaine n'étaient pas préparées à la subir, surtout dans les proportions et au rythme auxquels elle s'est développée.

Près des deux tiers des étrangers résident dans des unités urbaines de plus de 100 000 habitants : 2 400 000 dans les 57 agglomérations de plus de 100 000 habitants. A l'intérieur de cet ensemble, la répartition est inégale et procède de la plus ou moins grande importance, à un moment donné, des activités à forte demande de travail non qualifié dans l'industrie, le bâtiment et les travaux publics et les services. Elle atteint ses taux les plus élevés dans les trois plus grosses agglomérations urbaines, l'agglomération parisienne, environ un million, l'agglomération lyonnaise 150 000, l'agglomération marseillaise et aixoise un peu plus de 100 000, soit au total 35 % des étrangers résidant en France.

Les deux régions industrielles du Nord et du Nord-Est, avec chacune près de 200 000 étrangers massés dans les villes minières, les cités industrielles et les métropoles régionales, y ajoutent 400 000 étrangers et portent le total à 45 %. Les autres fortes concentrations sont les villes industrielles de la moitié nord-est de la France, Grenoble, Belfort, Sochaux, Mulhouse.., mais aussi Saint-Etienne et Clermont-Ferrand.

Dans les régions minières et industrielles spécialisées, la construction de logements a généralement accompagné l'appel de main-d'œuvre, qu'elle soit nationale ou étrangère. Les immigrés, quelle que soit leur proportion dans la population totale, sont concentrés dans un habitat social auquel est adjoint un équipement minimum de services assurant la couverture des besoins élémentaires de la vie quotidienne.

Le type classique est celui des *corons* du bassin houiller du Nord, dont quelques-uns sont demeurés des citadelles de l'immigration polonaise, ou celui des cités ouvrières de l'après-guerre construites dans la région sidérurgique lorraine ou dans le bassin houiller de Saint-Avold. S'y sont succédé des vagues différentes d'immigrés, y apportant chacune sa marque particulière.

Leur peuplement relativement homogène n'y a pas posé de problèmes aigus de voisinage.

La situation est différente dans les agglomérations urbaines où l'époque de l'immigration des hommes seuls a été celle des habitats périphériques improvisés et de l'entassement dans des quartiers centraux vétustes condamnés à la démolition à terme : à Grenoble le quartier de la rue Tres-Cloîtres ou la rive droite à l'Isère, à Lyon le sud-est de la Croix-Rousse, à Marseille les quartiers de la Porte d'Aix et du Panier, à Paris la Goutte d'Or... Une deuxième phase s'amorce avec l'association de l'habitat et des lieux de travail, dans les banlieues industrielles ; elle se développe avec l'arrivée des familles qui s'accompagne de la demande de logements de type banal, à loyer peu élevé, mais dont les aménagements sont généralement impropres aux besoins d'une population allogène habituée à d'autres formes de rapports concrets avec les lieux habités. C'est un des aspects de la problématique urbaine et de l'harmonie des sociétés urbaines depuis le début de la décennie 1980 surtout. La vie de relation avec l'environnement, et plus directement le voisinage quotidien, dépend dans une large mesure de l'adéquation du logement et des services aux besoins respectifs de collectivités porteuses d'acquis socioculturels différents et contraints par les circonstances à vivre conjointement. Plus les populations immigrées sont exposées à ressentir des impressions de frustration, plus elles sont tentées de se replier sur elles-mêmes et de se constituer en ghettos défensifs.

Statuts juridiques et problèmes politiques

Les catégories juridiques

Le terme d'« étranger » recouvre des situations juridiques diverses. Il ne sera pas fait état dans ce chapitre de la perception de l'étranger qui peut être étendue à des personnes ayant le statut juridique de la citoyenneté nationale, mais sont susceptibles d'être confondues dans une première approche d'apparence avec des étrangers. C'est essentiellement le cas des ressortissants des DOM-TOM dont 300 000 environ résident en France.

Les principales catégories juridiques sont au nombre de trois :
– les réfugiés bénéficiant du droit d'asile ;
– les immigrés nés à l'étranger et ressortissants d'une nationalité étrangère ;
– les enfants nés en France de parents étrangers.

Du point de vue strictement juridique, deux statuts seulement sont à distinguer et ne s'appliquent qu'aux adultes qui ont la responsabilité du ménage, celui de réfugié qui est un statut international appliqué dans tous les pays qui ont souscrit à la Convention internationale de 1951 et au protocole de Genève de 1967, et celui d'étranger autorisé à résider pendant une période déterminée conformément à l'octroi d'un permis de séjour, renouvelable sous certaines conditions, et en considération des motifs invoqués pour en bénéficier : étudiants, travailleurs, conjoint ou enfants d'un étranger déjà pourvu d'une autorisation de séjour[1].

---

1. Le personnel des ambassades et de tous les services officiels étrangers, reconnus par le droit international, bénéficie de visas spéciaux.

Les réfugiés sont accueillis par décision du gouvernement fixant, pour chaque groupe, en accord avec le Haut-Comité aux Réfugiés, dépendant des Nations unies, des quotas annuels d'admission. Toute décision de cet ordre se réfère à la considération de situations exceptionnelles justifiant la requête de bénéficier du droit d'asile. Ces situations sont définies par les termes des textes internationaux applicables à toute personne :

> « craignant avec raison d'être persécutée du fait de sa race, de sa religion, de son appartenance à un certain groupe social ou de ses opinions politiques, qui se trouve hors du pays dont elle a la nationalité et ne peut ou, du fait de cette crainte, ne veut se réclamer de la protection de ce pays ; ou qui, si elle n'a pas de nationalité et se trouve hors du pays dans lequel elle avait sa résidence habituelle à la suite de tels événements ne peut, ou en raison de ladite crainte, ne veut y retourner. »

Le réfugié peut être privé de sa nationalité d'origine par décision des autorités du pays de départ et privé de toute pièce de référence à sa citoyenneté d'origine.

Il est alors répertorié comme *apatride* dans le pays de séjour. Si aucune décision le privant de sa nationalité n'intervient, il peut continuer à faire état officiellement de son origine. Il est toutefois difficile d'interpréter la condition juridique des étrangers venus en France au titre de réfugiés faisant référence dans leurs déclarations d'identité ou dans les documents de recensement à une origine géographique qui n'a plus, du point de vue juridique, qu'une valeur relative. Ce fut naguère le cas des réfugiés russes qui avaient quitté leur pays au moment de la révolution. C'est aujourd'hui celui des réfugiés du Sud-Est asiatique que les statistiques du ministère de l'Intérieur classent suivant leur pays d'origine, 35 000 Vietnamiens, 37 000 Cambodgiens, 33 500 Laotiens. En fait, cette simplification recouvre une grande diversité de cas, suivant le moment du départ et les étapes parcourues, y compris celui de citoyens français ou de militaires de l'armée française assimilés à la citoyenneté française et ayant perdu cette qualité au moment de l'indépendance, volontairement ou involontairement, du fait de décisions qui ont transgressé leurs intentions.

La concentration dans des quartiers où joue la solidarité de groupe donne à la condition de réfugié une assiette spatiale qui s'identifie à une forme de ghetto.

Mais il s'agit d'une forme tout à fait particulière qui n'a que très peu de traits communs avec les autres concentrations d'immigrés. Le cas le plus spectaculaire est celui du quartier asiatique de Paris (ci-dessous, p. 87).

L'image banale de l'étranger est celle de la personne née dans un autre pays, ayant la nationalité de ce pays, concrétisée par les pièces d'identité en témoignant et venue, pour une raison quelconque, résider dans le pays d'accueil, en l'espèce, pour ce qui intéresse la présente analyse, en France. La condition d'étranger et les restrictions qui y sont attachées dans l'exercice de certains droits – essentiellement les droits politiques – ne peut être changée, sur le plan individuel, que par l'acquisition de la nationalité française (naturalisation). L'accès au territoire national est libre pour tous les ressortissants de la Communauté économique européenne, la libre circulation des personnes étant un des principes de base du Traité de Rome.

Il est limité pour les autres étrangers, soit par décision unilatérale du gouvernement français, liant en particulier l'autorisation de séjour à certaines conditions de garantie d'emploi, de regroupement familial, soit par des accords bilatéraux signés avec des Etats désireux d'assurer à une partie de leurs ressortissants des possibilités de travail et de promotion professionnelle par l'emploi pendant un certain temps dans des entreprises françaises (conventions signées, à partir de 1960, avec le Portugal, renouvelées sous forme du protocole du 29 juillet 1971 fixant un quota d'admission de 65 000 par an, et avec divers Etats africains francophones).

L'entrée sur le territoire national est d'autant plus contrôlée au cours de la décennie 1970 que le marché du travail est encombré de demandes d'emploi non satisfaites. Toute limitation officielle a sa contrepartie, la pénétration clandestine qui, pour certains employeurs, présente l'avantage de fournir une main-d'œuvre contrainte à accepter n'importe quelles conditions de travail.

C'est pourquoi il a été décidé, en 1981, d'inviter les étrangers « sans papiers », pouvant justifier d'un emploi régulier, à demander la régularisation de leur situation en France. Au 1er août 1983, cette procédure avait été appliquée favorablement à 123 579 travailleurs étrangers, Maghrébins pour 44 %, Africains noirs pour 15 %. En même temps, la politique d'immigration a été plus tolérante pour l'entrée de personnes inactives, au titre des regroupements familiaux, ce qui, en fait, crée la transition formelle et juridique avec la troisième catégorie, celle des enfants nés en France de parents étrangers.

> « Est Français par filiation tout enfant légitime ou naturel, dont l'un des parents au moins est français, avec la possibilité, si l'enfant n'est pas né en France, de répudier la qualité de Français dans les six mois précédant sa majorité, si son autre parent n'a pas acquis la nationalité française.
>
> Est Français par naissance en France, tout enfant, légitime ou naturel, né en France lorsque l'un de ses parents au moins y est lui-même né, avec la faculté de répudier cette qualité dans les six mois précédant sa majorité [...]
>
> Tout enfant étranger né en France et qui y réside peut réclamer, durant sa minorité, la nationalité française par déclaration s'il a en France sa résidence habituelle.
>
> Tout enfant étranger né en France et qui y réside deviendra automatiquement Français le jour de sa majorité sauf si, dans l'année qui la précède, il décline la qualité de Français [...]. »

(S'applique statistiquement actuellement à 10 000 ou 15 000 enfants par an [1].)

Les modifications des conditions d'acquisition de la nationalité introduites dans la loi présentée au Parlement en 1986, visent en particulier à donner plus d'importance au choix et, par conséquent, à l'initiative de l'intéressé, en limitant le nombre des cas d'acquisition automatique de la nationalité française [2].

---

1. Les enfants étrangers mineurs peuvent devenir Français à l'occasion de la naturalisation accordée par décret à leurs parents (9 à 10 000 par an).
Un enfant né en France de parents algériens nés eux-mêmes en Algérie avant 1962 – et bénéficiant à cette époque de la nationalité française – est juridiquement Français, mais le plus souvent il est déclaré Algérien par ses parents qui, devant le code algérien, sont devenus eux-mêmes Algériens. En 1982, on estimait que 220 000 enfants mineurs, nés en France, ont été déclarés et comptés comme Algériens. Il y a donc surestimation du nombre des enfants de moins de 18 ans de nationalité algérienne, mais cette surestimation *statistique* correspond à un comportement sociologique de la famille algérienne dans l'immigration.
2. L'établissement du visa d'entrée en octobre 1986 est la conséquence des attentats terroristes perpétrés sur le territoire national. Il s'agit en principe d'une mesure provisoire.

Les politiques de garanties

La condition juridique des étrangers a naturellement retenu l'attention des organisations internationales de toutes compétences depuis l'Organisation des Nations unies et ses filiales comme l'UNESCO, le Bureau international du travail, le Conseil économique et social, jusqu'aux organisations « régionales » comme le Conseil de l'Europe en passant par des associations plus vastes comme l'OCDE. Il s'agit, pour ces organisations, chacune ayant son domaine propre d'investigation et de critique, de détecter les vides ou les contradictions de chaque législation ou réglementation nationale et de recommander une homogénéisation des conditions d'admission, de séjour, d'obligations et de droits.

Les Etats membres sont invités à s'inspirer d'un certain nombre de principes ou d'expériences en rapport avec les circonstances du moment pour ajuster leur propre appareil juridique et réglementaire. On assiste donc à des opérations en deux temps : la prise de position des organisations internationales donnant lieu à des recommandations, et ensuite la mise à jour du droit ou de la jurisprudence des Etats membres, ceux-ci gardant toujours une marge de manœuvre assez large leur permettant d'adapter les principes d'ordre général à leur situation particulière.

Par ailleurs, des mesures spéciales résultent d'accords bilatéraux entre pays de départ et pays d'arrivée. Ces accords ne résolvent pas toujours les contradictions entre le Droit de chacun des partenaires, ce qui engendre une certaine ambiguïté sur la qualité juridique de la situation des personnes et de leurs enfants.

Parmi les garanties de base demandées par les organisations internationales figure l'égalité de traitement avec les nationaux en ce qui concerne le logement, l'éducation, l'assistance médicale, la sécurité sociale. Vient aussitôt après l'octroi de toutes facilités pour le regroupement de la famille de tout travailleur à son lieu de résidence dans l'émigration.

Il est significatif, en effet, que les regroupements familiaux, qui constituent l'essentiel de l'apport migratoire depuis dix ans, ont été organisés et légalisés sous la pression de divers organismes internationaux[1]. Les premiers sont des groupes circonstanciels directement intéressés comme le « Dialogue euro-arabe de décembre 1978 » dont le document terminal affirme que « la possibilité du regroupement familial est un des droits des travailleurs migrants ». Suivent les grands appareils internationaux, le Comité des Ministres du Conseil de l'Europe (résolution 78/33), puis l'Assemblée générale des Nations unies (résolution 32/120). En décembre 1982, le rapport du secrétaire général de la commission pour le développement social du Conseil économique et social (Nations unies) insiste sur le « droit du migrant à être rejoint par sa famille » et demande que les pays intéressés prennent des mesures pour « la réunion des familles, le logement et les autres conditions d'une vie familiale normale, l'éducation des enfants, les services de santé et la préservation de l'identité nationale et culturelle des migrants, ainsi qu'un minimum de services offerts spécialement aux migrants à la fois dans les pays de départ et d'arrivée »[2].

Il reste au pays d'accueil, en l'espèce la France, à donner à ces recommandations une suite réglementaire en définissant avec précision les conditions et les limites de l'application des principes exprimés par les organisations internationales.

La première précaution est de définir ce que l'on entendra par *famille*. Il est précisé que la famille comprend le conjoint, les enfants non mariés et à charge, aussi longtemps qu'ils sont considérés comme mineurs par la loi française. On évite ainsi l'entrée, sous couverture familiale, d'adultes pouvant grossir immédiatement le nombre de demandeurs d'emploi, enfants majeurs, ascendants, collatéraux, qui, au titre de membres de la famille, entreraient dans la catégorie des ayants droit à toutes les garanties sociales. Seconde réserve : suivant un principe reconnu par un très grand nombre de législations étrangères sur l'immigration, le droit de faire venir sa famille

---

1. La nécessité d'assurer la libre circulation des familles des immigrés est apparue – hors de toute considération de principe – dès lors que, les autorisations d'entrée étant supprimées, les travailleurs immigrés ne sont plus retournés périodiquement chez eux, de peur d'être refoulés à leur retour.

2. Cité par J. Charbit et Catherine Bertrand, *Enfants, familles, migrations dans le Bassin méditerranéen*, Paris, INED, Travaux et documents n° 110, 1986, p. 60.

est subordonné pour l'intéressé à la possession d'un emploi régulier et d'un logement susceptible de l'accueillir.

On perçoit ainsi les incidences de la crise de l'emploi et des difficultés de l'accès au logement sur l'application du droit au regroupement familial.

La prise en considération de la condition de chaque postulant par l'administration constitue un filtre mal accepté par les intéressés et les diverses associations de défense qui les encadrent.

Les problèmes juridiques les plus délicats sont ceux qui sont posés par les séquelles des relations coloniales, surtout en ce qui concerne la situation des immigrés d'origine algérienne et de leurs descendants.

La date des accords d'Evian sur l'indépendance et l'évolution distincte du droit des personnes dans l'un et l'autre pays depuis 1962 introduisent des différences d'interprétation de la nationalité. D'autre part, l'immigration est incluse du côté algérien, dans une théorie générale de la nation qui fait du travailleur émigré un *ressortissant en absence temporaire* du territoire national, alors que le droit français, sinon l'opinion générale, fait de l'immigré un résident en instance potentielle de l'acquisition de la nationalité qui est de droit pour ses descendants également résidents, à l'âge de la majorité. Dans ces conditions, le droit ne peut plus être séparé de la politique et celle-ci a pour objet de l'infléchir.

Or, comme le problème est inséparable en l'espèce de celui des relations entre pays industriels et pays sous-développés, le débat s'inscrit sur le registre des revendications permanentes des « pays du Sud » en faveur de leurs ressortissants.

Du point de vue du Droit français :

– est Français tout enfant né en France après 1962, de parents nés en Algérie avant le 3 juillet 1962, même si ses parents ont renoncé à la nationalité française ;

– l'enfant né en Algérie après 1962 de parents nés en Algérie et ayant conservé la nationalité française.

Du point de vue du droit algérien, les enfants nés après 1962 en Algérie ou en France sont Algériens.

Toutefois, il a été convenu, en 1983, que pour les garçons, le choix de la nationalité était associé à l'option pour le service national dans l'un ou l'autre pays.

Il résulte de ces contradictions entre les formulations juridiques des deux pays une inévitable confusion dans les déclarations de nationalité faites à l'occasion des recensements dont les données ne peuvent être considérées, de ce fait, que comme approximatives[1].

L'affirmation du principe selon lequel le travailleur émigré – et sa famille – sont des migrants temporaires, conservant et transmettant à leur descendance la nationalité algérienne, implique que l'Etat d'origine leur doit aide et protection et contrôle le respect de leurs droits fondamentaux dans le pays de séjour.

L'argument essentiel est que le travailleur émigré en France doit conserver intégralement tout ce qui le rattache à la société de départ et lui permet d'y rentrer au moment choisi par lui.

> « Le retour et la réinsertion progressive de la communauté émigrée sont un des objectifs majeurs de la révolution socialiste [...]. »[2]

Dans cette hypothèse, le pays de départ s'arroge non seulement le droit de veiller aux conditions de sécurité et de respect de la personne de l'émigré, mais revendique toutes les conditions de sauvegarde de son identité culturelle : la résolution de politique générale du IVe congrès du FLN, en janvier 1979, souligne :

> « la nécessité de mettre en œuvre les mesures prévues par la Charte nationale en faveur de l'émigration et qui ont pour objet d'assurer sa défense et sa protection dans le pays d'accueil, de lui permettre de préserver et consolider son identité culturelle nationale, d'organiser de manière planifiée le retour de notre émigration qui doit être intégrée dans notre stratégie de développement, de mettre en place dans les

---

1. Il n'est pas invraisemblable de considérer que, compte tenu des acquisitions de la nationalité française d'une partie des migrants de 1962-1963, le nombre des Algériens et originaires d'Algérie en France dépasse assez largement le million, alors que le recensement n'a relevé qu'un peu moins de 800 000 Algériens.
2. Cité par Y. Charbit et C. Bertrand, *op. cit.*, p. 53.

meilleurs délais les structures appropriées pour la réinsertion de notre émigration. » [1]

Le propos est encore renforcé, en 1981, à la 5e session du comité central du FLN :

> « En prenant en considération les dangers d'ordre culturel auxquels sont exposés les émigrés (et singulièrement les enfants et les jeunes) soumis à différents facteurs qui se conjuguent en vue de les dépersonnaliser, les assimiler, les priver de leurs valeurs spirituelles et de leur langue, la collectivité nationale se doit de prendre toutes les mesures et de réunir tous les moyens nécessaires à la sauvegarde de leur personnalité et de leur originalité, comme elle se doit de leur offrir une culture répondant à leurs besoins spécifiques et leur garantissant une intégration harmonieuse après le retour. » [2]

Ces revendications ont été défendues sur la place internationale à l'occasion du congrès mondial de la population organisé par les Nations unies à Bucarest, en 1974, et à plusieurs reprises dans le cadre de l'UNESCO, de l'OIT, etc. Il est difficile de donner une suite concrète concernant l'ensemble des intéressés à des revendications aussi précises et aussi impérieuses. A défaut de structures institutionnelles remettant en cause une partie des fondements de l'Etat, notamment en matière d'instruction publique et de laïcité, on fait localement appel à des associations volontaires se chargeant de transmettre la culture originelle. Mais la lettre des intentions et des vœux s'applique mal à des réalités beaucoup plus diverses (ci-dessous, p. 50).

Si les pays de départ, et surtout l'Algérie, formulent directement ou par l'intermédiaire des organisations internationales, les conditions qu'ils souhaitent voir respecter au bénéfice de leurs nationaux résidant en France, il reste à la souveraineté nationale du pays d'accueil de fixer les conditions d'entrée et de séjour des immigrés. Tous ceux qui ne sont pas admis à un titre spécial de fonction (y compris les étudiants), de réfugiés ou comme migrants temporaires (travailleurs saisonniers, touristes), doivent être assujettis à des obligations réglementaires qui sont appliquées d'autant plus strictement que la crise réduit

---

1. Y. CHARBIT et C. BERTRAND, *op. cit.*, p. 55.
2. *Ibid.*, p. 54.

le nombre des emplois susceptibles d'être occupés par des travailleurs émigrés.

Le régime général est celui de l'octroi d'un titre provisoire de résidence à tout immigré seul ou chef de famille, justifiant d'un contrat de travail, renouvelable périodiquement. Des accords bilatéraux régissent dans des formes particulières les formes d'admission et de séjour de ressortissants de certains pays et fixent des quotas annuels d'immigration (notamment avec le Portugal avant son entrée dans la Communauté économique européenne). Des accords particuliers ont été signés et donnent lieu à des révisions périodiques avec l'Algérie et plusieurs pays africains noirs[1]. Pour l'ensemble des travailleurs immigrés, à l'exception de ceux qui bénéficient de régimes spéciaux, la législation a été profondément modifiée par la Loi du 17 juillet 1984 et les décrets d'application du mois de décembre de la même année :

> « Les étrangers régulièrement établis en France, c'est-à-dire titulaires, au 7 décembre 1984, d'une carte de séjour ou de travail d'une durée de validité supérieure à un an, d'une part, les conjoint et enfants mineurs d'un étranger, titulaire de la carte de résident, régulièrement admis en France dans le cadre de la procédure de regroupement familial, les réfugiés, les étrangers ayant des attaches françaises, d'autre part, reçoivent, de plein droit, une carte de résident, valable dix ans, renouvelable de plein droit et qui confère à son titulaire le droit d'exercer la profession de son choix [...]. »

> « L'autorisation d'exercer la profession, notamment salariée, de son choix, est accordée sans formalité aux titulaires de la carte de résident délivrée de plein droit, d'une part, aux étrangers régulièrement établis en France au 7 décembre 1984, d'autre part aux conjoint et enfants mineurs d'un étranger titulaire de la carte de résident admis en France dans le cadre de la procédure de regroupement familial, aux réfugiés et aux étrangers ayant des attaches françaises. »[2]

Contradictoirement aux possibilités de fixation sur le territoire national, les circonstances du marché du travail et les concessions faites à l'égard des demandes de garanties de facilité de rapatriement de la part des gouvernements étrangers et

---

1. Carte de séjour valable dix ans pour les Algériens présents en France avant le 1er janvier 1966, de cinq ans pour les autres.
2. *1981-1986. Une nouvelle politique de l'immigration*, Documents Affaires sociales, ministère des Affaires sociales et de la Solidarité nationale et la Documentation française, Paris, février 1986, p. 106 et 108.

surtout du gouvernement algérien, des programmes d'aide financière et technique (contrats de formation) à la réinsertion dans le pays d'origine ont été mis en application de 1976 à 1981 puis, à nouveau, à partir de 1983. Or, bien que les offres d'aide au retour s'appliquent surtout à des travailleurs employés dans des entreprises contraintes à des licenciements et malgré un important encouragement financier, les départs subventionnés restent très peu nombreux.

En revanche, l'immigration clandestine demeure chronique, d'autant plus qu'elle répond à une quête irrégulière de main-d'œuvre à bon marché, échappant aux charges sociales. C'est surtout contre cette immigration clandestine qui peut faire souche d'immigration permanente en obtenant par des voies détournées sa légitimation, qu'a été engagée, par la procédure législative, une nouvelle réglementation de contrôle en 1986. L'entrée irrégulière sur le territoire national doit entraîner, outre les sanctions pénales préexistantes, l'expulsion par simple décision administrative (et non plus après jugement). D'autre part, la carte décennale de résident est désormais refusée à tout étranger susceptible de « menacer l'ordre public » et en particulier à tout étranger ayant encouru des sanctions pénales graves.

Mais, dans les faits, il reste, par définition, difficile de dénombrer et de contrôler l'immigration illégale. On évalue entre 100 000 et 200 000 le nombre de personnes sans papiers, sans domicile légal, mais – c'est le paradoxe de la situation –, généralement intégrés marginalement à la population active, une des formes du « travail noir »[1]. La diversité des origines géographiques et ethniques des clandestins ne simplifie ni les essais de recensement, ni la détection des lieux de travail et d'habitat.

---

1. Y. MOULIER, J.P. GARSON, R. SILBERMANN, *Economie politique des migrations clandestines de main-d'œuvre*, préface de Georges TAPINOS, Paris, Publisud, 1986, 276 p.

2

L'APPROCHE STATISTIQUE

Nombre et catégories

Au 4 mars 1982, la population de la France comptait 3 714 000 étrangers (chiffre du recensement [1]). Près de 3 millions d'entre eux (2 900 000, soit environ 8 %) appartiennent à sept nationalités, un peu moins de la moitié sont des Européens, l'autre moitié vient des rives sud et est de la Méditerranée et appartiennent au monde musulman. Dans chacun des deux groupes, une nationalité domine numériquement ; parmi les Européens, les Portugais, un peu plus de 50 %, parmi les Méditerranéens issus de pays musulmans, les Algériens, 51 %. La similitude s'arrête là, car, face aux Italiens, aux Espagnols et autres Européens appartenant à la « vieille immigration » qui a fait souche en France depuis plusieurs générations, les Portugais font figure d'« étrangers ».

Il n'y en avait que 20 000 en 1954 quand les Italiens étaient 500 000 et les Espagnols 300 000.

Les proportions sont aujourd'hui renversées : 765 000 Portugais face à 321 000 Espagnols et 334 000 Italiens. L'immigration portugaise, antérieure à l'entrée du Portugal dans la Communauté économique européenne, est un fait en soi et, dans une large mesure, a compensé la réduction de l'offre de main-d'œuvre méditerranéenne européenne résultant des retours d'Italiens et d'Espagnols dans leur pays et du tarissement de l'émigration depuis le début de la décennie 1950 pour les Italiens, et le milieu de la décennie 1960 pour les Espagnols. Elle s'est diffusée et organisée régionalement et localement de manière autonome, tout en comportant un certain nombre de

---

1. 4 489 515, en 1984, d'après les estimations du ministère de l'Intérieur, citées dans le rapport de M. Pierre Mazeaud au nom de la Commission des Lois de l'Assemblée nationale du 7 juillet 1986.

caractères communs avec l'immigration méditerranéenne traditionnelle. Sa principale orginalité est de se situer dans un cadre historique restreint (moins de vingt ans), et dans un cadre sociologique et géographique neuf, dépourvu de toute implantation notable préalable, pouvant servir de point d'appui ou de lieu d'attraction, si ce n'est dans la région bordelaise.

L'originalité de l'immigration maghrébine est de paraître une dans l'imaginaire national et d'être diverse, sinon divisée, sur le plan interne.

Les traditions, les positions politiques, les tempéraments, les choix entre les filières d'emploi, les comportements dans le travail sont différents.

Les uns et les autres ne recherchent ni les mêmes emplois ni les mêmes employeurs qui, par ailleurs, préfèrent des équipes homogènes. Dans la mesure du possible, ils se groupent régionalement ou localement selon leurs appartenances nationales, et souvent régionales ou locales (Kabyles, Chleuhs, Arabes). A plus forte raison, les Turcs, marqués par des séjours plus ou moins longs en Allemagne et appartenant à une autre ethnie méditerranéenne musulmane que les Maghrébins, constituent-ils des collectivités propres.

Mais, du fait de la répartition des nombres autant que du poids de l'histoire récente, ce sont les Algériens qui, pour la population française, sont porteurs des signes représentatifs de l'immigration venue des autres rivages de la Méditerranée. Pourtant, depuis peu, le nombre des Marocains augmente, tandis que celui des Algériens stagne (tableau ci-dessous).

ÉVOLUTION DES COLLECTIVITÉS MAGHRÉBINE ET TURQUE (1954-1982)
(en milliers)

Année de recensement	1954	1962	1968	1975	1982
Algériens	211,6	350,5	474	710	796
Marocains	10,7	33,3	84	260	431
Tunisiens	4,8	26,5	61	140	190
Turcs	5	?	7,6	51	123,5

La proportion des Algériens, qui s'élevait à 78 % des Maghrébins et des Turcs en 1968, 65 % en 1975, n'est plus que de 51 % en 1982.

Les 20 % d'immigrés qui échappent aux deux grands groupes méditerranéens, le groupe européen d'une part (Espagnols, Italiens, Portugais), le groupe maghrébin et turc d'autre part (Algériens, Marocains, Tunisiens et Turcs), se répartissent entre un très grand nombre de nationalités.

Il s'agit en premier lieu de ce que l'on serait tenté d'appeler l'immigration de relation et de fonction, rassemblant diplomates, personnel des sociétés de transport, de commerce international, des banques, les universitaires, chercheurs scientifiques, étudiants, qui est le propre de toute capitale d'Etat et de toute métropole exerçant des fonctions internationales. C'est à ce groupe que l'on doit l'ouverture de l'éventail des nationalités (près d'une centaine) représentées par des effectifs compris entre quelques centaines et quelques milliers de personnes. En dehors de cette immigration de fonction qui se renouvelle continuellement, les petits contingents d'étrangers se répartissent en deux catégories qui sont à la fois d'ordre historique et d'ordre géographique. La première est celle des reliquats et des prolongements d'immigrations traditionnelles de voisinage ou d'appel de main-d'œuvre industrielle du début du siècle : Allemands, Belges, Néerlandais, Britanniques, Suisses en ce qui concerne le premier sous-groupe[1], Polonais et Yougoslaves étant les principaux représentants du second sous-groupe.

La seconde catégorie est celle des immigrants d'origine lointaine qui rassemble d'une part des réfugiés, en premier lieu ceux originaires de l'Asie du Sud-Est, environ 100 000, d'autre part des Africains issus des pays francophones et admis comme travailleurs au titre des conventions bilatérales signées avec les Etats issus de l'ancienne Union française[2]. S'y joint une proportion variable d'immigrants sans papiers dont on évalue le nombre aux environs de 100 000.

La composition par âge et par sexes de chaque communauté ou de chaque groupe éclaire sur l'ancienneté, la nature et les potentialités de l'immigration. L'immigration ancienne est une immigration à peu près équilibrée quant à la répartition par

---

1. Les effectifs recensés additionnent les immigrants installés et les étrangers en séjour de durée limitée appartenant à la catégorie des « immigrants de fonction ».
2. Une partie d'entre eux renforce les effectifs de la population musulmane.

sexe et plus ou moins vieillissante suivant la fréquence des retours et le taux de naturalisation. A peu de chose près, elle s'identifie à une population et appelle la comparaison avec la population autochtone, même si, par certaines particularités, elle s'en différencie. L'immigration récente est inégalement structurée, allant de la simple collectivité d'hommes en séjour temporaire à l'ébauche de constitution d'une population, mais d'une population encore incomplète et qui n'a pas eu le temps de vieillir sur place. La tendance générale est à la constitution de « populations dans la population ».

Trois collectivités peuvent être prises comme exemples de « populations » résidant sur le territoire national depuis plusieurs générations : les collectivités polonaise, italienne et espagnole.

La *collectivité polonaise* est amputée de ses éléments les plus jeunes par le processus d'acquisition de la nationalité française qui devient de droit pour tous à la troisième génération et a souvent été assurée à la deuxième génération. En revanche, la parcimonie avec laquelle on a procédé aux naturalisations de la première génération entrée sur le territoire national entre les deux guerres explique la proportion insolite de personnes âgées ayant gardé la nationalité polonaise, 62 % des ressortissants polonais résidant en France. C'est une collectivité qui achève de disparaître au sein de la population française et dont le renouvellement est pratiquement bloqué.

La *communauté italienne*, qui a perdu 130 000 unités sur 463 000 entre les recensements de 1975 et de 1982, soit plus du quart de ses effectifs, par retours et naturalisations, ne se renouvelle que faiblement, en partie par naissances issues de ménages ayant encore conservé la nationalité italienne. La composition par âge de l'ensemble ne change pratiquement pas au cours du dernier intervalle intercensitaire. Elle comporte moins de jeunes que la population française, du fait de l'acquisition de la nationalité française par les immigrés nés en France de ménages italiens installés depuis plus de vingt ans. En revanche, la proportion d'adultes de plus de 35 ans et de personnes âgées est supérieure.

De 1975 à 1982, le nombre des *Espagnols* a diminué de 176 000 unités, soit 37 % ; la perte portant sur les adultes de

25 à 54 ans est de près de 60 %, correspondant essentiellement à des retours. Un peu plus jeune que la population italienne, la collectivité espagnole présente un profil cependant très comparable avec réduction du pourcentage des jeunes à des taux inférieurs à la moyenne française et, en revanche, une proportion plus élevée de personnes âgées.

Les deux populations italienne et espagnole ont des taux de masculinité comparables, respectivement 57 et 51 %, légèrement supérieurs à la moyenne française (48 %), dernière empreinte d'une immigration du travail à prépondérance masculine. Au contraire, la surmortalité des Polonais qui ont travaillé dans les métiers les plus pénibles et les plus dangereux s'exprime par un excédent de survivantes, surtout dans la tranche d'âge la plus élevée : 27 000 sur 40 000.

Parmi les populations européennes, l'immigration récente est représentée par les *Portugais*. Elle a débuté par un flux de majorité masculine de 1962 à 1975. En 1975, la composition démographique de l'ensemble est très voisine de l'équilibre des sexes et se stabilise dans le rapport 53/47 % en faveur du sexe masculin. Il s'agit désormais d'une population dont la structure générale est celle d'une population jeune avec près de 50 % de moins de 25 ans, 49 % d'adultes de 25 à 54 ans et une très faible proportion de personnes âgées. Cette situation correspond à une mise en place récente de ménages à taux de fécondité plus élevé que celui des ménages français, et à un appauvrissement des classes d'âge les plus élevées par les retours au pays de départ.

RÉPARTITION PAR GROUPES D'ÂGE DES POPULATIONS
D'ORIGINE EUROPÉENNE RÉSIDANT EN FRANCE EN 1982 (en %)

	0 - 14	15 - 24	25 - 34	35 - 54	55 - 64	Plus de 65
Polonais	3	3	7	8,5	17	61,5
Italiens	10,5	10	11,5	30,5	15	22,5
Espagnols	13	13	10,5	30,5	13	20
Portugais..............	29	18	20	29	3,5	0,5
par référence :						
Français...............	20,5	16	16	23	10,5	14

Sur 765 000 ressortissants portugais, près de 220 000 sont des enfants de moins de 15 ans. Compte tenu du fait que la majeure partie de l'immigration portugaise s'est effectuée entre 1970 et 1975, on peut considérer que la quasi-totalité de ces enfants sont nés en France, sous réserve des effets des remplacements de la main-d'œuvre immigrée par flux de sens contraires compensés. En d'autres termes, ces enfants ont ou auront été entièrement scolarisés en France.

La stabilisation de l'*immigration algérienne* s'est effectuée au début de la décennie 1970 par fixation de la main-d'œuvre masculine et regroupements familiaux. En 1975, le déséquilibre des sexes est encore très marqué : 68 % d'hommes. En 1982, pour un effectif global supérieur de 12 %, le nombre d'hommes n'a augmenté que de 2 % et la proportion du sexe masculin par rapport à l'effectif total est tombée à 62 %. Le taux de masculinité reste cependant encore élevé pour les classes d'âge adulte (35 à 64 ans), près de 80 %. Les regroupements familiaux n'ont donc apparemment joué que pour les moins de 35 ans : les classes d'âge de 25 à 34 ans sont particulièrement équilibrées (48 % d'hommes). La dynamique démographique repose donc directement et exclusivement sur la constitution ou la reconstitution de ménages complets de 20 à 35 ans. Démographiquement, tout se passe comme si la population de sexe masculin de plus de 35 ans était hors du circuit de renouvellement des générations *in situ*, sa descendance résidant à l'extérieur du territoire d'immigration, dans les sites de départ où sont demeurées des familles incomplètes. En revanche, la présence de 100 000 couples arithmétiques de 20 à 35 ans entraîne à sa suite près de 300 000 enfants et adolescents de moins de 18 ans, et les annuités d'accès à l'âge adulte et au marché du travail d'enfants nés en France de couples d'immigrés, ou en Algérie et en France de familles algériennes reconstituées sur le territoire français, sont comprises entre 15 000 et 20 000 unités, dont la moitié de sexe masculin. Un autre quotient intéressant, dont on retrouvera la signification en matière de logement et de scolarisation est le rapport entre le nombre d'adultes jeunes de 25 à 34 ans et celui des enfants et adolescents de moins de 15 ans. Pour 100 femmes de 25 à 34 ans, le nombre d'enfants de moins de 14 ans est de 250, ce qui correspond, compte tenu de la précocité des mariages et de la fécondité, à environ quatre enfants par couple.

Comme dans la population portugaise, la proportion des personnes âgées est très faible, moins de 2 %, pour les deux tiers des hommes (la proportion pour la famille française est de 13 %).

L'entrée de la *population marocaine* est plus récente que celle des Algériens, encore que relativement synchrone à ses débuts au cours de la décennie 1960. Mais c'est entre 1975 et 1982 que l'effectif a presque doublé (de 260 000 à 431 000), il s'agit d'une immigration d'adultes de 25 à 55 ans dont les deux tiers sont des hommes (70 %) : 142 000 hommes, 57 000 femmes. La proportion des enfants et adolescents est exceptionnellement élevée, surtout en considération de la *sex-ratio* des adultes, tout près de la moitié de la population marocaine recensée en France, 49 % (contre 32 % pour la population algérienne), 156 640 pour 57 000 femmes de 25 à 54 ans, taux sensiblement supérieur également à celui qui a été signalé pour la population algérienne. En revanche, comme dans la population algérienne, les plus jeunes classes d'adultes présentent un équilibre des sexes, comme si les plus jeunes migrants se déplaçaient en ménage.

L'*immigration tunisienne* en France, est une immigration relativement ancienne, mais quantitativement progressive. Elle n'a pas connu la brusque accélération de l'immigration algérienne, à plus forte raison de l'immigration marocaine, mais l'effectif de Tunisiens recensés en France s'est accru de 35 % entre les deux dénombrements de 1975 et de 1982, tandis que, dans le même temps, l'immigration algérienne plafonnait. La composition par âge enregistre encore les séquelles d'une immigration en deux temps, la recherche d'un emploi et des conditions d'installation par les hommes, puis la reconstitution de la cellule familiale dans l'émigration : 60 % d'hommes dans les classes d'âge adulte de 35 à 54 ans, mais, en contrepartie, des jeunes ménages féconds assurant à l'ensemble un taux de 32 % de moins de 15 ans. Le viellissement sur place est légèrement plus important que dans les collectivités algérienne et marocaine, 4 % de personnes de plus de 65 ans.

Au total, les trois ethnies maghrébines comptaient, en 1982, environ 400 000 jeunes de moins de 18 ans (336 000 de moins de 15 ans) sur un effectif total d'un peu moins de 1 500 000 personnes recensées comme algériennes, marocaines ou tunisiennes.

Ces jeunes qui ont, à leur majorité, le droit d'acquérir la nationalité française s'ils sont nés en France, surtout s'ils sont issus de parents naguère Français d'Algérie, constituent un apport annuel de 40 000 jeunes appelés, par la nature même des choses, à s'intégrer dans la population active et la population nationale, ce qui pose, par ailleurs, les divers problèmes de leur préparation, dès le début de l'âge scolaire, à cette incorporation (ci-dessous, p. 145).

Souvent assimilés aux Maghrébins parce que issus, comme eux, d'une communauté musulmane, les *Turcs* ont suivi un cheminement différent. Ils n'ont pas appartenu à un domaine géographique d'administration et de culture françaises et ils ne sont généralement pas venus directement en France. L'émigration turque de la période postérieure à la Seconde Guerre mondiale est une émigration de *Gastarbeiter*[1] invités par la République fédérale allemande au moment du grand essor de l'économie de l'Allemagne fédérale des années 1955-1965 : 500 000 au début de la décennie 1970, un million et demi en 1982. Les autorités allemandes, après avoir largement accueilli la main-d'œuvre et les familles venues de Turquie, ont encouragé les départs au moment où s'est affirmée la récession. Une partie des immigrés sont repartis en Turquie, une centaine de milliers au moins sont venus en France. Il s'agit, pour une large part, de familles. La population turque recensée en France, en 1982, comportait 123 000 personnes, dont 72 000 de sexe masculin (57 %) et 53 400 jeunes de moins de 15 ans, soit 42 %. La proportion de personnes âgées est insignifiante et peut être interprétée comme le reliquat d'une immigration chronique, encore que très faible, de la période antérieure.

Au total, l'ensemble de la population immigrée issue des pays musulmans des rivages méridionaux et orientaux de la

---

1. Littéralement « travailleur invité ».

Méditerranée n'intervient que pour moins de 3 % dans l'effectif de la population totale, mais la proportion varie selon les classes d'âge. Si elle est insignifiante pour l'ensemble des personnes âgées – 24 000 sur sept millions et demi –, elle est en revanche notable pour la jeunesse : environ 500 000 sur sept millions et demi également (6,7 %), ce qui pourtant dépasse de peu le rapport de un sur vingt. Les problèmes ne sont pas en fait d'ordre arithmétique, mais d'ordre géographique (ci-dessous, p. 52).

RÉPARTITION PAR ÂGE DES POPULATIONS MAGHRÉBINE ET TURQUE
(en %)

	0 - 14	15 - 24	25 - 34	35 - 54	55 - 64	Plus de 65
Algériens...............	31	18	14	31	5	1
Marocains..............	36	14	23	23,5	2,5	1
Tunisiens...............	34	12	24	24	4	2
Turcs..................	43	13	20	20	2	2

Le travail : une main-d'œuvre d'appoint et d'emploi irrégulier

Sur 3 442 415 étrangers recensés en 1982, dont environ 2 300 000 d'âge actif, un million et demi ont été inscrits comme « actifs », dont près de 1 200 000 de sexe masculin. L'agriculture, qui appelait naguère le concours permanent ou saisonnier d'immigrés, n'en emploie plus qu'une proportion insignifiante, moins de 64 000. Les trois quarts des étrangers actifs sont répartis entre trois catégories majeures : celle des manœuvres, dits aujourd'hui ouvriers non qualifiés, celle des ouvriers qualifiés, c'est-à-dire des ouvriers initiés à une série gestuelle de travail (dans le système de travail à la chaîne ou posté) et celle du personnel de service employé par les collectivités, les entreprises ou les particuliers, respectivement, 40 %, 27 % et 17 %, au total 84 % ; 300 000 sont employés par les entreprises du bâtiment et des travaux publics, 400 000 dans l'industrie, 350 000 dans les services, 150 000 dans le commerce, la manutention et les transports. Les emplois féminins sont en très forte majorité des emplois de service, 150 000 sur moins de 300 000, les postes d'emploi les plus importants étant ensuite dans l'industrie des biens de consommation, surtout l'industrie textile et la confection (*fig. 3*).

Les représentants des vieilles immigrations européennes exercent les professions qu'ils ont pratiquées lors de leur entrée, généralement en position améliorée, notamment par l'accès à la gestion de petites entreprises, dans la « branche » dans laquelle ils s'étaient engagés à leur arrivée : près de 40 000 Italiens dans les industries du bâtiment, mais, pour une part croissante, en qualité de chef d'entreprise ou dans une entreprise familiale dirigée par un originaire du même pays. Près de 30 000 Espagnols ont une condition semblable. Dans l'ensemble, les uns et les autres ont glissé vers les professions indépendantes ou les activités de service, dans l'artisanat, le commerce, le tourisme : 20 000 Italiens, 21 000 Espagnols, dans les « services marchands », plus de 10 000 artisans italiens. L'activité reste essentiellement masculine : sur 147 000 Italiens actifs, 116 000 hommes. Sur 137 000 Espagnols actifs, 92 000 hommes.

On comptait, en 1982, tout près de 400 000 Portugais actifs, soit 53 % de l'effectif des Portugais résidant en France, et les trois quarts des ressortissants de cette nationalité de plus de 15 ans recensés en France. Cette forte proportion indique l'importance de la participation des femmes à une activité professionnelle : en effet, 37 % des personnes actives de nationalité portugaise sont des femmes, et celles-ci représentent près de 60 % des femmes d'âge actif venues en France.

Les hommes sont, pour une très forte majorité, des ouvriers, répartis en nombre égal entre travailleurs « qualifiés » et « non qualifiés ». La tendance à la promotion professionnelle s'exprime par l'importance relative des postes d'agents de maîtrise et de techniciens tenus par des immigrés : 3 % des Portugais en occupent (8 % chez les actifs de nationalité italienne, 9 % chez les Français). Près de la moitié des hommes travaillent encore dans des entreprises du bâtiment et des travaux publics, un tiers dans les industries de tous ordres ; 62 % des femmes exercent leur activité dans les services et le commerce, 12 % dans les industries de biens de consommation.

Sur un peu moins de 800 000 Algériens recensés en France, en 1982, 318 000 sont déclarés actifs, soit 40 % (plus de la

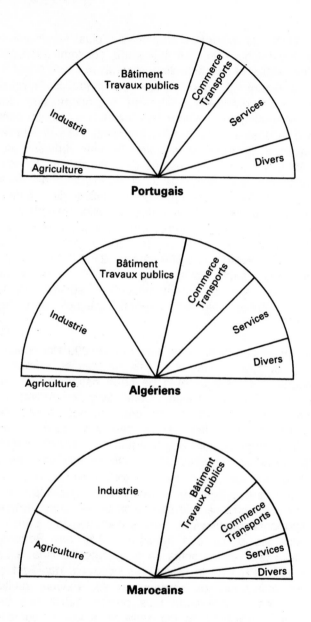

Fig. 3. – Répartition de quelques catégories d'étrangers entre les diverses activités professionnelles.

moitié de la population d'*âge actif* – 58 % –). Sur ces 318 000 Algériens actifs, 278 000 sont de sexe masculin. La proportion de femmes actives par rapport aux effectifs des classes d'âge actif est faible : 12 % seulement. Cette répartition correspond à la persistance de la concentration de la force de travail constituée par l'immigration algérienne sur les chantiers de gros travaux exécutés par des hommes, 30 % dans le bâtiment et les travaux publics, autant dans l'industrie, plus de 20 % dans les services, pour moitié à titre d'ouvriers non qualifiés. Les deux tiers des femmes actives sont employés dans les services, le commerce de distribution, notamment dans des magasins tenus par des compatriotes, le reste dans l'industrie.

Les Marocains occupent une place à part dans les travaux agricoles qui en emploient plus de 18 000, 13 % des actifs marocains en France, et plus du tiers de la main-d'œuvre étrangère dans l'agriculture. Toutefois, les deux principaux secteurs d'emploi sont, comme pour la plupart des autres immigrés, l'industrie et les chantiers du bâtiment et des travaux publics. Les Marocains se différencient des autres Maghrébins en jouant un rôle plus important dans l'industrie : un cinquième des hommes travaille dans les industries de transformation, près de 15 % dans la construction automobile, où ils sont plus nombreux que les Algériens, bien qu'au total la communauté marocaine immigrée soit deux fois moins nombreuse. Ils constituent, par ailleurs, la plus importante collectivité d'immigrés travaillant dans la branche. Mais la proportion d'ouvriers « non qualifiés » reste dominante (50 % des salariés).

Les femmes sont rarement actives, une quinzaine de milliers, moins de 15 % des femmes d'âge actif. Elles sont employées surtout dans les services.

Les Tunisiens sont répartis plus diversement que les autres Maghrébins, bien que classés à peu près de la même façon entre les catégories de qualification. La majeure partie des actifs se distribue en fractions à peu près égales entre les chantiers du bâtiment, les industries diverses et les services. Le commerce, l'hôtellerie emploie le reste. Un dixième seulement des femmes d'âge actif exercent une profession, pour plus de la moitié dans les activités de service.

Les Turcs sont 35 000 à 40 000 à exercer une activité, suivant les modes de comptage. Les femmes sont presque toutes hors des activités professionnelles : 2 220 actives, 10 % de la population féminine d'âge actif. Les Turcs sont surtout des ouvriers d'industrie, plus de 15 000. Moins de 10 000 travaillent dans le bâtiment, mais on en a recensé 3 000 dans l'agriculture et les industries agro-alimentaires. Sur le plan de la qualification, ils se placent dans une situation moins favorable que celle des Maghrébins, avec seulement un peu plus d'un quart des ouvriers classés parmi les ouvriers qualifiés. Cette infériorité est probablement liée à un accès moins direct à la langue française.

La similitude des activités professionnelles des différentes nationalités d'immigrés est frappante, malgré de légères variantes dans la répartition des effectifs entre les catégories et les branches. En dépit d'un séjour maintenant assez long pour la plupart d'entre eux, les effectifs les plus importants se portent toujours sur les chantiers du bâtiment et des travaux publics, sur les métiers non qualifiés de l'industrie, sur les travaux à la chaîne d'ouvriers qualifiés et, surtout pour les femmes, sur les services.

Entre les deux masses numériquement les plus importantes, celle des Portugais et celle des Maghrébins, la différence principale réside dans l'inégale activité des femmes : 60 % des Portugaises d'âge actif travaillent, moins de 15 % des Maghrébines, ce qui suffit à créer un écart sensible de niveau de vie et de comportement financier entre les deux collectivités. Les Portugais sont des « investisseurs », surtout dans leur pays. Les Maghrébins vivent plus sobrement d'un ou deux salaires par ménage suivant que le chef de ménage est seul à travailler ou qu'un de ses fils commence à contribuer au revenu de la famille. Cette différence n'est pas seulement d'ordre économique. Le repli des femmes sur une vie domestique plus ou moins cloîtrée retarde la mise en relation des familles maghrébines avec leur environnement.

Toute population en mouvement – comme toute armée – entraîne avec elle son cortège de marchands. L'immigration du travail a, dans son sillage, celle des boutiquiers et des intermédiaires prêts à offrir aux nouveaux venus, comme aux clients du pays d'accueil, marchandises, produits spécifiques et services de tous ordres. Il n'est donc pas surprenant qu'à côté des bataillons de manœuvres et d'ouvriers qualifiés, on enregistre une proportion variable, suivant les groupes, de commerçants, de chefs de petites entreprises. L'immigration traditionnelle italienne a été, à cet égard, l'exemple le plus classique jusqu'à la Seconde Guerre mondiale. Aujourd'hui, plus que la statistique, c'est l'observation des paysages urbains qui permet de mieux mesurer l'importance et le rôle social du « secteur tertiaire » de l'immigration dont il faut retirer la masse des services aux entreprises et aux personnes qui est assimilable à une activité secondaire salariée. Entre 15 et 20 % des immigrés actifs sont répertoriés dans les catégories commerce, services marchands (en particulier hôtels, cafés, restaurants). Toutefois, cette classification occulte la diversité des professions exercées.

Celles-ci peuvent être réparties entre deux secteurs, celui des services rendus aux immigrés eux-mêmes, généralement dans le cadre d'une même ethno-culture, et celui des services offerts au marché général. La distinction n'est pas toujours radicale mais elle correspond à la majorité des cas. Dans le premier secteur se trouvent rassemblés tous les commerces et toutes les activités de service destinés à la desserte des travailleurs immigrés désireux de trouver à proximité de leur lieu de travail et de leur habitat les produits de consommation et les objets originaires de leur pays. Sous une forme hypertrophiée, c'est le cas du marché nord-africain du Cours Belsunce à Marseille, fréquenté par une clientèle venue de toutes les collectivités maghrébines de la région, et même de pays voisins (ci-dessous, p. 113). Le second secteur est représenté par les boutiques de produits alimentaires et d'objets de première nécessité tenues par des Maghrébins ou des Turcs, mais destinées à la clientèle nationale qu'ils flattent par leur disponibilité horaire plus étendue que celle du commerce ambiant, et par les restaurants, surtout asiatiques. Plus difficiles à cataloguer sont les commerces d'importation de produits chinois ou indiens qui emploient dans des entreprises de transit et de transformation tenues par les Chinois de Hong-Kong, de Taïwan ou de Singapour, par des Pakistanais ou des Sri-Lankais, une main-d'œuvre exotique où se côtoient réfugiés, immigrés en règle et clandestins, dont l'exemple le plus familier est celui des îlots d'installation asiatique du XIIIe arrondissement à Paris (ci-dessous, p. 87).

La population immigrée a été frappée de plein fouet par la crise économique et structurelle des décennies 1970-1980 et par le chômage consécutif. Appelée pour remplir des tâches dont l'évolution technologique réduit progressivement le nombre des postes d'emploi, elle se trouve placée en face d'une alternative qui n'a pas grand sens pour elle : s'adapter à de nouvelles formes de travail où elle pourrait rester compétitive par rapport à la population nationale ou demeurer dans un secteur de sous-emploi chronique. Sur un plan théorique, s'il y a peu d'issues pour la génération, à peine alphabétisée, venue accomplir les gros travaux de chantier, les opérations à la chaîne des grandes usines de constructions mécaniques ou les travaux de la mine et de la sidérurgie, la deuxième génération, composée de jeunes gens ayant accompli tout ou partie de leur scolarité en France, peut concourir, avec la population nationale, dans le processus de qualification croissante du travail. Seulement, ici, on aborde le problème de la « réussite scolaire » qui est lui-même inséparable de ceux qui sont posés par les conditions matérielles de vie, de répartition dans l'espace urbain, de logement, d'encadrement scolaire, de relations sociales (ci-dessous, p. 147). Dans l'immédiat, les données statistiques n'incitent pas à l'optimisme. Les taux de chômage les plus élevés sont partout ceux qui affectent les étrangers, plus particulièrement ceux qui sont originaires du Maghreb.

A Paris, le taux de chômage par rapport à la population active est de 7 %, Français et étrangers confondus, de 11 % pour les étrangers, et de 14 % pour les Maghrébins. Dans les trois départements de la « première couronne », Hauts-de-Seine, Seine-Saint-Denis, Val-de-Marne, les pourcentages respectifs sont de 7,5, de 12,5 et de 13 %. Dans la région lyonnaise, au sens du groupement des trois départements du Rhône, de la Loire et de l'Isère, l'écart est plus sévère : 8,8, 16 et 22 %. Mais la situation la plus critique est celle des Bouches-du-Rhône avec respectivement 13, 26... et 40 %.

Malgré le démantèlement de la sidérurgie et la crise des mines de fer et de charbon en Lorraine, le tableau est moins sombre, peut-être parce que la crise a provoqué, depuis plusieurs années, des départs : un taux de chômage général de 8,5 % qui s'élève à 12 % pour les étrangers et à 14 % pour les Nord-Africains [1].

1. Données du recensement de 1982.

3

LES LIEUX DE L'IMMIGRATION

L'immigration est inséparable d'une certaine forme de développement et de concentration du travail propre à l'économie de la fin du XIXᵉ siècle et aux deux premiers tiers du XXᵉ, privilégiant les activités devenues de plus en plus concentrées, à la fois sur le plan géographique et sur le plan structurel, avec pour corollaire un transfert de la domiciliation de la majeure partie de la population dans des agrégats urbains. L'appel à une force de travail de complément, suppléant aux insuffisances de croissance démographique interne, est déclenché dans une *première phase technique* par le besoin de main-d'œuvre « de force » des industries de base, dites industries de production d'énergie, industries des biens intermédiaires et industries d'équipement, et, par effet induit résultant de la concentration de la population et de l'intensification de toutes les formes de relation et de transport, dans une *seconde phase technique* par la demande de travailleurs du bâtiment et des chantiers de construction de toutes les infrastructures de communications et de services. Les deux phases s'emboîtent l'une dans l'autre et, à certains égards, se confondent, d'autant plus qu'elles ont des caractères communs. Elles sont passées l'une et l'autre, au cours de quelques décennies, d'un stade où le travail était essentiellement une mobilisation d'énergie musculaire accompagnée de la prise de risques : l'exploitation minière, les chantiers de construction des ouvrages d'art des chemins de fer et la pose des voies, la construction des centrales hydroélectriques en montagne, la fonderie des métaux, les constructions navales, à des formes mécanisées de travail associant à l'ouvrier des équipements mécaniques de plus en plus complexes pour accroître sa productivité, sans lui demander davantage d'initiative, au contraire. Si la localisation des chantiers de travaux publics est déterminée essentiellement par des programmes locaux d'aménagement, les processus d'industrialisation et d'urbanisme ont été concentrés dans un petit nombre de régions et de complexes urbains qui ont bénéficié, au cours de la première révolution industrielle, de conditions favorables et ont joué ensuite le rôle de pôles d'attraction secondaire pour des activités induites par la présence des productions de base, des appareils de production, de relation, de formation, de financement, et celle même de la population précédemment accumulée. Aux activités de production initiale s'ajoutent d'autres activités plus ou moins mécanisées à leur tour, et surtout de multiples services également demandeurs de main-d'œuvre sans qualification spéciale. Et cette demande s'accroît au moment même où les réserves de main-d'œuvre, issues des campagnes françaises et notamment des régions de l'Ouest, s'épuisent.

Ainsi, les premières régions industrielles, les premières agglomérations urbaines constituent-elles les zones de sédimentation des immigrations successives, originairement « provinciales », devenues internationales, de contenu divers suivant les variations de l'offre extérieure de force de travail. C'est là que se posent de manière ininterrompue les problèmes d'accueil, de cohabitation, d'insertion, suivant la spécificité des flux migratoires. Certes, il fut un temps où « l'agriculture manquait de bras », du moins dans les régions frappées par l'exode rural ou dans des franges spécialisées dans des productions à forte utilisation de travail fin comme les régions de cultures maraîchères, fruitières et florales. Il en est résulté des implantations d'immigrés surtout jusqu'à la Seconde Guerre mondiale. L'immigration y a été absorbée, mais elle continue à jouer un faible rôle d'attraction de relation. Elle apparaît encore sur les cartes de répartition des étrangers, mais elle a perdu sa dynamique d'il y a cinquante ans (ci-dessous, p. 61 et *fig. 4*). Aujourd'hui, l'immigration est presque exclusivement (compte tenu encore de quelques exceptions) un phénomène urbain, parce qu'elle est liée aux formes élémentaires de l'activité industrielle et à leurs effets induits dans le domaine des services. Elle est aussi un indicateur du taux d'industrialisation régionale. Dans ces conditions, la lecture d'une carte de la répartition des étrangers ne doit plus rien avoir de surprenant. Même les exceptions apparentes s'expliquent par l'application du processus général ; elles sont liées à des opérations de *décentralisation* ou de transfert d'activités industrielles avec leur

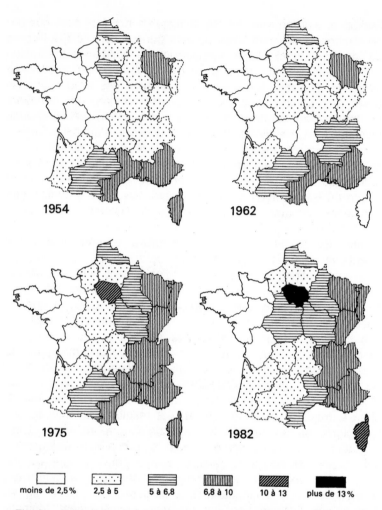

Fig. 4. – Répartition des étrangers en France par région en 1954, 1962, 1975 et 1982 en pourcentage de la population de chaque région.
(Moyenne nationale : 4,1 % en 1954 ; 4,8 % en 1962 ; 6,5 % en 1975 ; 6,8 % en 1982)

cortège de chantiers et de services. Associé à des opérations techniques qui sont *concentrées par nature*, l'appel à l'immigration est lui aussi marqué par la concentration, à partir du moment où il échappe à la diffusion des activités agricoles. L'immigration n'est pas seulement urbaine, elle est nodale, intraurbaine ; elle prend son image d'exception du fait même de sa grégarité. Elle est perçue comme un phénomène de groupe et acceptée ou refusée comme telle. Les points chauds des relations entre les immigrés et le milieu ambiant sont ceux où une initiative économique introduit, dans une société traditionnelle, une collectivité allogène. Les conflits surgissent plus dans les nouvelles implantations d'éléments exogènes que dans les secteurs traditionnels du transit et de l'emploi des immigrés. Quoi qu'il en soit, il s'agit toujours de l'entrée dans un milieu social hétérogène d'un groupe marqué par une « unité de classe ». Il remplace dans les mêmes lieux les « classes laborieuses » d'autrefois que l'on a qualifiées de « classes dangereuses » [1]. Il n'y a donc pas lieu de s'étonner que leur présence joue un certain rôle de relais et donne une certaine tonalité aux régions et aux centres industriels avec risques de « surchauffe » à l'échelle locale plus qu'à l'échelle régionale.

La répartition géographique des étrangers en France

La France de l'immigration est donc la France de l'industrie et la France des villes, mais on ne saurait sous-estimer les effets de la projection sur l'espace national des courants de circulation de l'immigration. On ne comprend la surcharge marseillaise et, d'une façon générale, de la côte provençale, que par l'impact des flux transméditerranéens. L'ensemble, régional groupé aujourd'hui sous le sigle de « Provence-Côte d'Azur » joint, à l'un des plus forts taux de présence de population étrangère, la particularité d'être une des plus anciennes régions d'immigration avec toutes les incidences qui s'y associent, y compris les incidences conflictuelles, mais aussi la capacité d'amortissement à long terme. Elle le doit aussi aux multiples effets induits de cette situation géographique impliquant des relations de pouvoir et de possession du sol entre des systèmes politiques répartis à l'intérieur du Bassin méditerranéen. En d'autres termes, c'est traditionnellement une

---

1. Louis Chevalier, *Classes laborieuses, classes dangereuses*, Paris, Plon, 1958.

des régions les plus « internationales » de la France. Elle en a gardé les caractères d'une région d'accueil et de transit où se sont sédimentés des apports hétérogènes. Le symbole de cette longue histoire d'une immigration jamais interrompue est représenté aujourd'hui par Marseille, même si Marseille n'a pas le monopole de l'immigration en Provence. L'industrie n'intervient ici que comme fixateur de contingents de travailleurs permanents dans les chantiers miniers de Gardanne, dans les ateliers de construction et de réparation navales de La Ciotat et de Toulon, et surtout dans le bâtiment. Une mobilisation exceptionnelle a eu lieu lors de la construction des installations portuaires et industrielles de Fos. Marseille fait plus figure de centre de services que de centre industriel et utilise la main-d'œuvre immigrée dans la manutention, le transport, l'entretien des installations portuaires et urbaines. C'est toujours un lieu de passage vers d'autres destinations, malgré le rôle croissant, depuis quelques décennies, du transport aérien dans le transit des immigrés. Avec 323 000 étrangers et un pourcentage de 8,5 % d'immigrés dans la population totale, la région Provence-Côte d'Azur est la troisième région française d'immigration après la région parisienne et la région lyonnaise étendue à une partie des Alpes de Savoie et du Dauphiné – administrativement la région « Rhône-Alpes » –, sans être à proprement parler représentative des régions d'immigration du fait de la priorité de sa fonction d'accueil et de transit sur la fonction d'emploi. Il en est différemment des quatres autres régions majeures d'immigration, région parisienne, région lyonnaise, Nord-Pas-de-Calais, Lorraine-Alsace, qui ont chacune leur forme de relation avec l'immigration, mais répondent toutes à la définition liminaire qui assimile région d'immigration avec une quelconque fonction d'industrialisation et ses effets sur l'urbanisation.

Près des trois quarts des étrangers résidant en France, en 1982, ont été recensés au nord-est d'une ligne tracée du Havre à Marseille. Ils représentent près de 9 % de la population de cette partie du territoire national qui, par ailleurs, supporte les deux tiers de la population totale. Par ordre d'importance, les concentrations majeures sont la région parisienne, officiellement région Ile-de-France, le carrefour Saône-Rhône et les Alpes du Nord, région Rhône-Alpes, la Provence et le pays niçois, région Provence-Côte d'Azur, le Nord-Est, Lorraine et

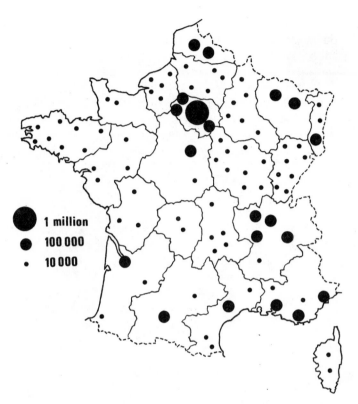

Fig. 5. – Répartition des étrangers en France par région en effectifs bruts au recensement de 1982.
(Source : Pierre GEORGE, « Les étrangers en France, étude géographique »,
Annales de Géographie, n° 529, mai-juin 1986, pp. 273-300)

Alsace, et la région industrielle du Nord, Nord-Pas-de-Calais (*fig. 5*).

Un peu plus du tiers des étrangers vivant en France, 36 %, sont concentrés en *Ile-de-France* sur 2,2 % du territoire national, où ils constituent 13 % de la population totale, près d'un million et demi. La ville de Paris même, sur une une population d'un peu moins de 2 200 000 habitants, en compte 366 000, soit 16,5 %. Dans la proche banlieue, formée des trois départements de la Seine-Saint-Denis, des Hauts-de-Seine et du Val-de-Marne, la proportion ne dépasse celle de la ville de Paris que dans la Seine-Saint-Denis (17 %), les pourcentages étant, pour

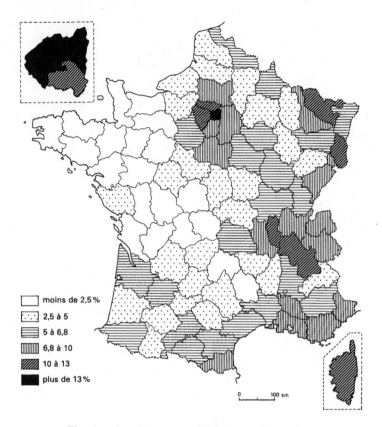

moins de 2,5 %

2,5 à 5

5 à 6,8

6,8 à 10

10 à 13

plus de 13 %

0   100 km

Fig. 6. – Les étrangers en France par département,
en pourcentage de la population de chaque département.
(Recensement de 1982).

les deux autres départements, respectivement de 14 % et de
13 %. La densité du peuplement étranger diminue rapidement,
sinon régulièrement, dans les départements périphériques : 11 %
dans les Yvelines et dans le Val-d'Oise, 9,5 % en Seine-et-
Marne, 9 % dans l'Essonne. Les taux sont cependant partout
supérieurs à la moyenne française, et même à la moyenne
de la France urbaine et industrielle du Nord-Est (*fig. 6*).

La région lyonnaise, stéphanoise, grenobloise et savoyarde
(Rhône-Alpes), avec trois gros noyaux industriels, celui de la
Loire, la région houillère et sidérurgique traditionnelle de Saint-
Étienne, celui de l'agglomération grenobloise et du Grésivaudan,

et surtout celui de Lyon autour desquels l'industrie anime plusieurs villes moyennes et les couloirs d'usines des vallées intra-alpines, est la deuxième aire d'attraction de l'immigration et cela, comme en Ile-de-France, depuis très longtemps, plus encore qu'à Paris. Suite à des mouvements frontaliers fort anciens, les industries lyonnaises et savoyardes ont fait très tôt appel à des travailleurs étrangers initialement italiens. Les mines de charbon de Saint-Étienne ont reçu comme celles du Nord et celles de Bourgogne (Montceau-les-Mines) des ouvriers polonais. Au lendemain de la Seconde Guerre mondiale, l'ensemble régional comprenait déjà 150 000 étrangers. Leur nombre a triplé en trente ans, pour se stabiliser, depuis 1975, entre 450 000 et 460 000, soit 9,3 % de la population totale, mais par concentrations distinctes. La principale est celle du département du Rhône, qui se confond pratiquement avec l'agglomération lyonnaise avec un tiers de l'effectif total, 157 000, la seconde est celle de Grenoble et des vallées dauphinoises qui ne rassemble qu'une partie des quelque 100 000 étrangers du département de l'Isère (ci-dessous, p. 104), la troisième, celle de la région industrielle de la Loire 62 000. La dispersion des concentrations secondaires est liée à celle même de l'industrie. En une trentaine de petits noyaux industriels en Savoie, Haute-Savoie, dans l'Isère en dehors de l'agglomération de Grenoble, et jusque dans la Drôme, on retrouve encore un peu plus de 100 000 étrangers. De toute façon, on est très loin de l'effet de masse de l'immigration dans la région parisienne et la perception de la présence de l'étranger n'est ressentie qu'à l'échelle locale dans les secteurs où elle est concentrée, et dans des formes variées suivant qu'elle est traditionnelle ou récente.

C'est également une image de taches ou de noyaux dispersés que donne la représentation cartographique précise de la répartition des étrangers dans la *région Provence-Côte d'Azur*. Il y a seulement cinquante ans, on distinguait une immigration rurale par nature diffuse et une immigration urbaine surtout marseillaise, pour une grande partie d'origine frontalière. Aujourd'hui, la région compte au total 322 000 étrangers, dont un peu moins de la moitié dans le département des Bouches-du-Rhône, un quart dans les Alpes-Maritimes, 16 % dans le Var, et un peu plus de 10 % dans le Vaucluse. Seule la concentration des Bouches-du-Rhône, qui est essentiellement marseillaise, appelle la comparaison avec les gros effectifs des régions parisienne et lyonnaise avec un peu plus de 8 % de la population totale et des effets de masse locaux. Ailleurs, l'immigration est relativement dispersée et mobile, en partie agricole comme dans le département du Vaucluse ou, hors de la région Provence-Côte d'Azur, en Corse où l'on relève un taux de 11 % tout à fait exceptionnel dans une région dépourvue d'industries importantes.

La géographie de l'immigration est relativement simple dans les deux régions industrielles traditionnelles et toutes deux en proie à la crise économique et technologique qui y bouleverse le marché de l'emploi. *En Lorraine,* le pourcentage d'étrangers est supérieur à 8 % malgré la fréquence de l'acquisition de la nationalité française par les immigrés de l'immédiat après-guerre : 250 000 étrangers en 1946, en moyenne 200 000 de 1962 à 1975, 186 000 en 1982, du fait aussi des retours dus au chomage. La presque totalité des étrangers reste concentrée dans la zone industrielle de la vallée de la Moselle et dans le bassin houiller de Forbach-Saint-Avold, dans les deux départements de Meurthe-et-Moselle et de Moselle.

En Alsace, c'est le département du Haut-Rhin qui a la plus forte proportion d'étrangers, plus de 10 %, tandis que le Bas-Rhin dépasse à peine la cote de 6,5 %, c'est-à-dire, à peu de chose près, la moyenne nationale. A cet égard, il s'intègre dans une sous-région de transition qui est un complexe industriel multipolaire associant le sud de l'Alsace au nord de la Franche-Comté avec Mulhouse, Belfort, Montbéliard et Sochaux. On y trouve une concentration d'immigrés qui chevauche les limites régionales avec environ 120 000 étrangers et un pourcentage de plus de 10 % de la population totale.

La région Nord-Pas-de-Calais ressemble beaucoup à la Lorraine, tant par son histoire industrielle que par la configuration de l'immigration. L'appel à la main-d'œuvre étrangère y est plus ancien. Les Belges, puis les Polonais, ont été les premiers à venir travailler dans les houillères dès le début du siècle. En 1946, on y recensait 230 000 étrangers. La reconversion des charbonnages, la crise de la sidérurgie d'une part, l'insertion de la vieille immigration de l'entre-deux-guerres dans la population de nationalité française d'autre part, écrête l'effectif aux environs de 200 000 entre 1962 et 1975, puis l'abaisse à 188 000 en 1982, moins de 5 % de la population totale. L'histoire de l'immigration dans la région touche à sa fin, en même temps que celle des houillères, de la sidérurgie et de la grande industrie textile. Le bilan migratoire régional est négatif et les étrangers ne sont pas les derniers à partir.

Hors des six grands ensembles de concentration des étrangers, d'autres concentrations, mineures celles-là, correspondent aux implantations industrielles dispersées. La plus caractéristique à cet égard est celle de Clermont-Ferrand, liée à la présence des usines Michelin : 40 000 étrangers dans le département du Puy-de-Dôme, à Clermont-Ferrand et dans les environs immédiats, en liaison avec l'emploi clermontois. C'est aussi le chiffre de 40 000 que l'on retrouve dans le Loiret en relation avec une décentralisation d'activités d'origine parisienne dans l'agglomération d'Orléans.

La moitié ouest-sud-ouest de la France comptait environ 400 000 étrangers en 1954. L'augmentation, en un peu moins de trente ans (1954-1982), est de 100 000 (25 %) tandis qu'elle est de plus de 100 % dans la moitié nord-est pour la même période. Il y a donc bien une légère pénétration de l'immigration à l'ouest et au sud-ouest de la ligne Le Havre-Marseille, mais elle ne porte que sur des nombres relativement faibles et, en tout cas, s'effectue à un rythme plus lent que dans l'autre moitié du territoire. La variation n'est d'ailleurs pas identique dans toutes les régions. Les principales régions d'immigration sont ici trois régions du Midi, l'Aquitaine, la région Midi-Pyrénées, et le Languedoc-Roussillon. Le nombre des étrangers a baissé légèrement dans la région Midi-Pyrénées, est presque étale dans le Languedoc-Roussillon, a augmenté de 27 % en Aquitaine. C'est dans les régions qui ignoraient presque totalement l'immigration au lendemain de la Seconde Guerre mondiale que le nombre des étrangers s'est le plus accru en pourcentage. Il a quadruplé en Bretagne, plus que triplé dans les Pays de Loire, plus que doublé en Limousin, mais dans chacune de ces régions, il ne s'agit que de très petits nombres : 20 000 en Bretagne, en 1982, un peu plus de 40 000 dans les Pays de Loire, 20 000 dans le Limousin, qui plus est concentrés en petites collectivités rassemblées autour d'industries anciennes ou nouvelles, ou de chantiers de travaux publics. C'est notamment le cas du Mans où ont été décentralisés simultanément une partie de l'industrie automobile parisienne et des emplois d'ouvriers non qualifiés et d'ouvriers qualifiés, et, à plus forte raison, des villes portuaires et industrielles de la Loire-Atlantique, Nantes et Saint-Nazaire. D'une manière générale, chaque ville a ses petites collectivités d'étrangers, Tours, Angers...

Le Bassin aquitain est un cas particulier parce que chroniquement en dépression démographique. L'immigration y est une constante, plus ancienne que dans les autres régions françaises à l'exception peut-être du Sud-Est. La proportion d'immigrés y est supérieure à 7 % en *1946*. Elle n'est dépassée alors que par les régions de l'Est et par le Languedoc-Roussillon en raison de la présence des réfugiés espagnols. Or, à l'époque, l'industrie y reste limitée aux usines de constructions aéronautiques de Toulouse. C'est, jusqu'à ce moment, le déficit de population rurale qui appelle l'immigration (ci-dessous p. 118). Le développement des activités industrielles et scientifiques de Toulouse a substitué à un appel de main-d'œuvre agricole une demande de main-d'œuvre de l'industrie et des services. Le nombre total d'étrangers n'a pas sensiblement changé. Les naturalisations ont été compensées par de nouvelles arrivées, mais la population étrangère s'est concentrée autour des industries, surtout dans la région de Toulouse : la moitié environ des immigrés de toute la région Midi-Pyrénées. De même, en Aquitaine, si l'on fait abstraction de la situation frontalière des Pyrénées-Atlantiques, l'immigration a été fixée – et ceci depuis longtemps – par l'activité portuaire et industrielle de Bordeaux, sans que l'on atteigne, de loin, le degré de concentration des grandes agglomérations de la moitié Est : 5 % seulement de la population du département de la Gironde, 6 % de celle du département de la Haute-Garonne.

La distribution des différentes collectivités ethno-culturelles

L'histoire de l'immigration au cours du dernier demi-siècle a été dominée par l'apport de population italienne qui a répondu, jusqu'au lendemain de la Seconde Guerre mondiale, à toutes les formes d'appel de l'évolution démographique et économique française : le dépeuplement de l'arrière-pays méditerranéen et du centre du Bassin aquitain, la pénurie de population des Alpes du Nord au moment de leur industrialisation par l'électricité d'origine hydraulique, la reconquête industrielle de la Lorraine, le développement des industries diversifiées de la Franche-Comté, le grand essor de la construction immobilière dans la région parisienne après la Première Guerre mondiale... Cette multiplicité des motivations de l'immigration apparaît de façon évidente sur la carte de répartition des *Italiens* en 1931 (*fig. 7a*), mais la carte de 1982 montre qu'il s'agit aujourd'hui d'un phénomène historique qui n'a laissé comme trace que de discrètes présences en Savoie, en Dauphiné, dans les Alpes-Maritimes et dans le Nord-Est, non pas qu'il y ait eu des retours massifs, mais parce que les flux ont cessé et que la population en place s'est intégrée à la population française (*fig. 7b*).

Les Espagnols, qui ont été le second groupe d'immigrés jusqu'en 1962, le premier en 1968, ne représentent plus que 8 % des étrangers recensés en France en 1982. Un quart d'entre eux habitent en Ile-de-France, près de la moitié dans les trois régions méridionales du Languedoc-Roussillon, du Midi-Pyrénées et de l'Aquitaine. Il s'agit donc, à l'exception des contingents recensés dans la capitale et dans sa banlieue, d'une immigration de voisinage dont ne s'écartent que quelques avant-gardes de familles isolées travaillant sur des chantiers forestiers ou des chantiers de travaux publics et du bâtiment.

La géographie de l'immigration et tous les problèmes sociaux et politiques dont elle est chargée est, en fait, celle de la répartition des deux collectivités les plus nombreuses, celle des Nord-Africains qui approche du million et demi et celle des Portugais, légèrement inférieure à 800 000.

Les *Nord-Africains* ont suivi la grande coulée rhodanienne qui est, depuis plusieurs millénaires, l'axe de pénétration des Méditerranéens vers l'Europe du Nord-Ouest par la Bourgogne

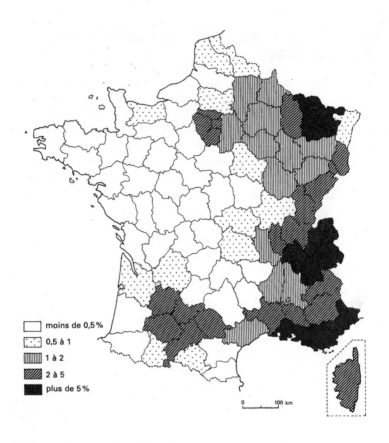

Fig. 7a. – Les Italiens en France par rapport à la population départementale en 1931 (en %).

et la Lorraine. Certes, il n'y a pas de rapport objectif entre la route des marchands grecs, plus tard romains, vers la vallée du Rhin par Lyon, la plaine de la Saône, la haute-Seine[1] et les vallées de la Moselle et de la Meuse, semées de sites archéologiques, de restes de marchandises entreposées en cours de route et de pièces de monnaie, et le flux migratoire des Maghrébins, aspirés par les chantiers de l'économie industrielle et du développement urbain. Pourtant, cartographiquement, le recouvrement est tel que l'on ne peut pas faire

_____

1. Voir le « trésor » du musée de Châtillon-sur-Seine.

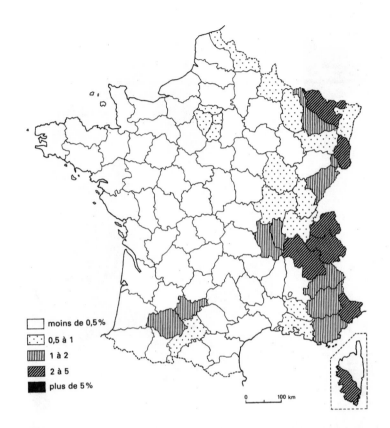

Fig. 7b. – Les Italiens en France par rapport à la population départementale en 1982 (en %).

abstraction de certaines *lignes de force* valorisées différemment par des poussées techniques et économiques distinctes à des époques éloignées et dissemblables. L'axe de passage reste une de ces lignes de force essentielles.

Une première masse correspond au « front de mer », de la frontière italienne au département de l'Hérault, qui, avec la Corse, avait, en 1982, une population maghrébine de plus de 200 000 personnes, près de 15 % de l'ensemble des Nord-Africains recensés en France.

La seconde masse est celle qui a été fixée par les activités industrielles, industries chimiques, mécaniques surtout, secondairement les industries textiles traditionnelles, de la région

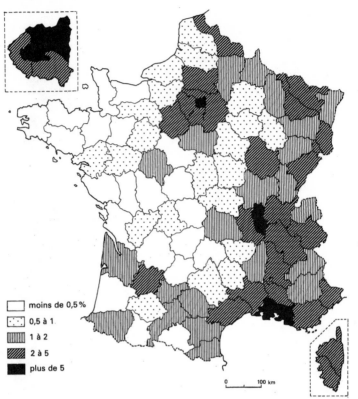

moins de 0,5 %
0,5 à 1
1 à 2
2 à 5
plus de 5

0   100 km

Fig. 8. – Les Maghrébins en France par rapport à la population départementale en 1982 (en %).

« Rhône-Alpes », c'est-à-dire d'une part l'agglomération lyonnaise et le sillon stéphanois, d'autre part Grenoble et les vallées alpines du Dauphiné et de la Savoie, encore plus de 200 000.

La plus forte concentration est de beaucoup celle de l'Ile-de-France, 500 000, 35 % au moins du total.

Plus légère est la diaspora industrielle de l'Est, en Lorraine, en Alsace, et en Franche-Comté, un peu moins de 9 %.

Au total, un peu plus d'un million de Maghrébins sont réunis dans trois ensembles régionaux où leur part dans la population totale avoisine 10 % et dépasse ce taux dans les trois grandes zones urbaines de Marseille, de Lyon et de Paris. Le reste, environ 300 000, est dispersé dans la moitié nord-est de la France et pour une petite part dans le Sud-Ouest (fig. 8).

Non seulement du point de vue de l'origine géographique, mais, compte tenu des relations internes à la communauté maghrébine et des formes de rapport avec la société française, il est indispensable d'examiner les différences de répartition des trois collectivités algérienne, marocaine et tunisienne.

Les Algériens sont présents partout où il y a des étrangers. Ils ont suivi l'itinéraire des migrations précédentes à partir des rivages de la Méditerranée, plus précisément des quais de la Joliette à Marseille, aujourd'hui le plus souvent de l'aéroport de Marignane, et gagnent les lieux d'emploi en « montant » vers le nord. Ils se rassemblent dans la région lyonnaise, plus encore dans la région parisienne. Ils étaient nombreux dans les régions industrielles en Franche-Comté (Sochaux), en Lorraine, dans les mines du Nord et du Pas-de-Calais avant les reconversions techniques et la récession. Ils constituent encore la majeure partie de la population étrangère de l'agglomération lilloise où ils se sont repliés lors de la réduction des emplois dans les mines et la sidérurgie.

Les Tunisiens sont de nouveaux venus par rapport aux Algériens. Ils ont été attirés en majorité par les emplois industriels de l'agglomération parisienne qui avait, en 1982, plus du tiers des immigrants résidant en France à cette date. Mais, hors de cette concentration générale de l'immigration, la distribution géographique des Tunisiens diffère de celle des autres Maghrébins, et en particulier des Algériens. Il sont très peu nombreux dans les vieilles régions industrielles qui n'attiraient plus les travailleurs étrangers au moment où s'est développée la migration tunisienne. Alors qu'ils représentent environ 15 % de l'immigration maghrébine dans l'ensemble de la France et en Ile-de-France même, ils ne sont que 3,5 % des Nord-Africains recensés dans la région Nord-Pas-de-Calais, à peine un peu plus de 5 % en Lorraine. En revanche, ils sont à nouveau 15 % des Maghrébins dans la région Rhône-Alpes (plus de 20 % dans l'agglomération lyonnaise) et surtout nombreux en Provence et dans les Alpes-Maritimes, le seul département où ils soient les plus nombreux des Maghrébins (près de 50 %) ; 22 % de l'immigration tunisienne est concentrée dans cette seule région. Cette répartition n'est pas sans rapport avec une certaine différenciation professionnelle entre Tunisiens et Algériens. Si beaucoup de Tunisiens doivent accepter les mêmes métiers non qualifiés que les Algériens, un certain nombre d'entre eux exercent des activités « tertiaires » dans le commerce et les services, notamment dans le secteur hôtelier, surtout sur la Côte d'Azur, ce qui explique leur densité dans les deux départements des Alpes-Maritimes et du Var qui comptent plus de 10 % de tous les Tunisiens venus en France. Gildas Simon a montré combien il fallait être attentif à la référence aux lieux de départ, car, même pour un domaine d'origine aussi limité que la Tunisie, les différences d'aptitude et de filières migratoires sont considérables entre le Sud, Djerba, qui envoie ses migrants directement vers la région parisienne et le Nord qui alimente les foyers d'immigration de la Provence et des Alpes-Maritimes[1].

Des observations du même ordre doivent être faites à propos de *l'immigration marocaine*. Celle-ci se différencie de l'immigration algérienne, non seulement par son caractère beaucoup plus récent (en 1968, les Marocains constituaient 13 % de l'effectif des Maghrébins résidant en France ; en 1982, 31 %), mais par certaines particularités dans la recherche des activités professionnnelles ou les formes de recrutement de la main-d'œuvre pratiquées aux lieux de départ par les agents des entreprises d'emploi. Les Marocains sont recherchés comme main-d'œuvre agricole d'appoint et pour des travaux différenciés dans des petites et moyennes entreprises d'une part, par les agences de main-d'œuvre de grandes entreprises industrielles, surtout dans le secteur des industries mécaniques d'autre part. Il en résulte deux types de localisation : les grands foyers industriels où ils coexistent avec les Algériens, mais souvent distincts, tant dans leurs lieux d'emploi que dans l'organisation de leur résidence, et les régions à emplois plus ou moins diffus dans l'agriculture et les villes secondaires. Les Marocains sont plus de 30 000 dans le département des Hauts-de-Seine, où ils représentent 36 % de la population d'origine nord-africaine. Ils y travaillent dans les usines de construction automobile comme dans le département voisin de la Seine-Saint-Denis où leur présence est moins marquée (moins de 20 000, 18 % de la population maghrébine). Ils sont absents

---

1. Gildas Simon, *L'Espace des travailleurs tunisiens en France*, Poitiers, université de Poitiers, 1979, 428 p.

Fig. 9. – Départements où les Marocains atteignent ou dépassent
la proportion de 50 % de Maghrébins (en pointillés).

ou peu nombreux dans les régions où se sont implantés en premier les Algériens : 17 % des Maghrébins de la région Rhône-Alpes, 24 % en Lorraine, 20 % dans la région Provence-Côte d'Azur. En revanche, ils sont les plus nombreux des Maghrébins dans les régions où l'implantation nord-africaine est récente et numériquement faible (*fig. 9*). C'est le cas de la moitié ouest de la France où ils répondent souvent à des appels de main-d'œuvre agricole, dans le Midi viticole, le Sud-Ouest où désormais les Italiens font défaut, les plaines de grande culture du Bassin parisien, même les pays de Loire, et la Bretagne. Mais c'est en Corse qu'ils exercent un quasi-monopole de la main-d'œuvre immigrée : la moitié des étrangers, 80 % des Nord-Africains. Comme pour les Tunisiens, la

69

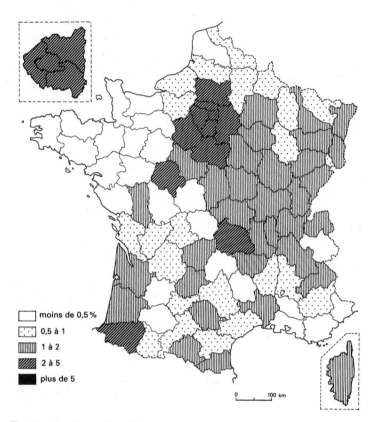

Fig. 10. – Les Portugais en France par rapport à la population départementale (en %).

diversité de répartition en France et la diversité professionnelle recouvrent des différences d'origine géographique. Dans un premier temps, l'immigration marocaine était une immigration de montagnards du Sud, des *Chleuhs*. En s'accroissant quantitativement, l'immigration s'est étendue géographiquement et puise de plus en plus dans la population rurale prédéracinée et en difficulté d'existence dans les grandes villes.

La carte de répartition des *Portugais* (*fig. 10*) est sensiblement différente des images de distribution géographique des Maghrébins en général et ressemblerait plus à celle des Marocains qu'à celle des Algériens. Les Portugais, venus en France entre 1965 et 1975, dont le nombre et la répartition spatiale se sont stabilisés depuis, ont été naturellement attirés en premier lieu par le marché du travail différencié de la région parisienne : 43 % de l'immigration portugaise en France dans la région Ile-de-France, 25 % dans la ville de Paris et les trois départements limitrophes. La concentration numérique est sensiblement la même que celle des Algériens (36 % en Ile-de-France, et 26 % dans l'agglomération parisienne), mais il n'y a pas d'identité de localisation. Les Algériens sont de beaucoup les plus nombreux dans le département de la Seine-Saint-Denis, les Portugais dans celui du Val-de-Marne, les Algériens dominent la population étrangère dans les quartiers du nord-est de Paris, les Portugais sont plus nombreux à l'ouest et au sud (ci-dessous, p. 83), mais surtout, la région parisienne est la seule où il y ait voisinage des deux grandes collectivités d'immigrés des dernières décennies. Les Portugais sont présents, mais peu nombreux, dans les régions industrielles de l'Est et du Nord où les Maghrébins avaient remplacé Italiens et Polonais de la période antérieure à 1960. Ils sont rares dans les régions de forte concentration maghrébine : la façade méditerranéenne, les Bouches-du-Rhône, où ils sont moins de 0,5 % de la population, alors que les Maghrébins y sont plus de 5 %, peu nombreux aussi dans le couloir rhodanien, la région lyonnaise, où ils sont moins de 1,5 % contre près de 4 % de Maghrébins. Ils ont répondu en revanche à l'appel de certaines régions industrielles spécialisées, notamment à Clermont-Ferrand, en moins grand nombre dans l'Indre-et-Loire. Ils sont aujourd'hui plus nombreux que les Espagnols dans les Pyrénées-Atlantiques, mais surtout l'immigration portugaise constitue une trame continue dans tout le quart sud-ouest de la France et dans les villes du Centre-Est, en Bourgogne, en Champagne et en Berry. Les Portugais participent en petit nombre, mais toujours présents, à l'avancée progressive de l'immigration vers le réduit de l'Ouest[1].

---

1. Le cas le plus original, si l'on excepte les petites collectivités isolées qui se regroupent dans les trois grandes agglomérations urbaines et surtout l'agglomération parisienne, est celui des *Turcs* venus en France pour la majeure partie d'entre eux quand le marché de l'emploi allemand qui les avait attirés s'est contracté. Ils étaient 120 000 à 130 000 en 1982, moins de 15 % d'entre eux dans la région parisienne, mais plus de la moitié dans les régions frontalières de l'Est, Rhône-Alpes, Alsace, Lorraine, Franche-Comté. Au hasard des appels de main-d'œuvre, de petites collectivités turques se sont établies dans le Nord-Ouest, toujours très distinctes des collectivités maghrébines.

4

LES GRANDES CONCENTRATIONS

Trois concentrations majeures rassemblent plus de la moitié des étrangers résidant en France : la région parisienne qui est de beaucoup la plus importante avec plus du tiers de l'ensemble, la région lyonnaise et la région grenobloise (les trois agglomérations de Lyon, Saint-Étienne et Grenoble essentiellement), un peu moins de 10 %, et la région marseillaise avec un peu plus de 5 %.

En seconde ligne viennent les régions industrielles traditionnelles qui, du fait de la récession de leurs industries, accusent un recul par rapport aux décennies précédentes et une tendance générale régressive, mais un regroupement dans les agglomérations urbaines : l'Est et le Nord.

La région parisienne

Considérée comme l'ensemble économique et social vivant dans la mouvance quotidienne de l'agglomération parisienne, la « région parisienne » déborde des limites de la région « Ile-de-France ». Elle pousse des antennes de relations journalières de travail jusqu'à Évreux, Orléans, Beauvais, Rouen. Dans cet ensemble « étendu », on a recensé, en 1982, tout près d'un million et demi d'étrangers, soit presque 40 % du nombre total d'étrangers en France. C'est de beaucoup la plus forte concentration d'immigrés, puisqu'il faut descendre au niveau voisin de 200 000 unités pour trouver une autre concentration d'étrangers, celle de la région urbaine Lyon-Saint-Étienne et de moins de 200 000 pour atteindre la constellation plus distendue de Marseille, Aix-en-Provence, Toulon.

Dans ces conditions, il n'est pas étonnant que la population étrangère qui y est recensée soit la plus hétérogène à la fois au point de vue des souches géographiques et ethno-culturelles et de celui des catégories socio-professionnelles. Une centaine de nationalités y sont représentées par des effectifs allant de quelques centaines de personnes à plusieurs centaines de milliers. Toutes les conditions juridiques, sociales, économiques, comme toutes les références professionnelles y sont représentées, y compris celles qui sont hors classification. Si l'image banale de l'étranger est celle de l'ouvrier spécialisé ou du manœuvre qu'aspirent et rejettent à heures fixes les portails des usines ou du travailleur du bâtiment, des habitants des quartiers dégradés ou des habitats sociaux à accès de fièvre xénophobe, on ne saurait pour autant oublier que Paris joue le rôle de capitale. En cette qualité, elle est le lieu de résidence provisoire du personnel diplomatique et de tous les agents des représentations économiques et financières de tous les partenaires de la France dans les divers continents. Elle est aussi le lieu d'attraction des étudiants, des intellectuels, des artistes venus souvent de très loin, mais plus spécialement de l'ensemble des pays francophones. Elle est enfin le plus grand lieu d'accueil en France des réfugiés de toutes origines, et cela de façon constante depuis des générations, de telle sorte que tout arrivant y trouve toujours une souche à laquelle se référer, même si les motifs de la recherche du refuge ont changé d'une génération à une autre.

Il est difficile, sans procéder à un dépouillement exhaustif des dossiers de recensement, d'établir le point de départ entre les diverses catégories fonctionnelles d'émigrés dans une ville, surtout une agglomération comme Paris. Il y a des concentrations catégorielles locales, mais elles sont d'autant moins précises et limitatives que la présence des représentants des classes les plus favorisées entraîne des emplois de service tenus par d'autres catégories d'immigrés. A titre d'approximation, on peut avancer que 10 à 15 % des étrangers recensés à Paris et dans les banlieues limitrophes appartiennent à l'émigration de fonction supérieure et de relations culturelles, soit environ 100 000 personnes. Les réfugiés, surtout Asiatiques, en plus petit nombre Européens de l'Est, Latino-Américains, sont un peu moins nombreux. Il reste pour l'immigration « banale » dans l'agglomération, limitée à la ville et aux trois départements limitrophes, Hauts-de-Seine, Seine-Saint-Denis, Val-de-Marne, environ 700 000 étrangers en condition de travail ou de demande de travail, avec ou sans leur famille.

La répartition des grands nombres est plus simple que celle de la totalité de la constellation des nationalités représentées dans la région. Deux groupes dépassent de beaucoup les autres, les Portugais et les Algériens, avec respectivement 188 000 et 213 000 personnes. L'ensemble des Européens s'élève à 327 000 unités, les Maghrébins et les Turcs sont, de leur côté, 363 000. L'écart maximal entre les deux groupes est enregistré dans le département de la Seine-Saint-Denis : 69 000 Européens, 110 000 Maghrébins et Turcs.

Il est d'ordre inverse dans la ville de Paris, avec 121 000 Européens et 110 500 Maghrébins et Turcs, mais les quelque 130 000 ressortissants de nationalités « diverses » qui constituent le plus gros chiffre de l'immigration dans la ville de Paris, se répartissent à leur tour de manière inégale entre migrants venus de tous les continents et ensemble plus géographiquement et culturellement cohérent des Africains noirs, dont une partie se réfère à l'Islam.

Paris

Plus des deux tiers des étrangers recensés, en 1982, dans l'agglomération parisienne précédemment définie, résident dans la *ville de Paris* elle-même, 362 000, 39 % des immigrés de l'agglomération, 27 % de ceux de la région Ile-de-France. Le pourcentage des immigrés dans la population totale de la ville est de 16,6 % (20,5 % de la population masculine, 13,2 % de la population féminine). Si l'on y ajoute les « Français par acquisition », on atteint le chiffre de 461 000 et un pourcentage de plus de 21 %, correspondant à la proportion de résidents nés à l'étranger, de leurs enfants nés en France ou non et des étrangers ayant acquis la nationalité française par mariage ou par déclaration lors de leur majorité. Un quart d'entre eux n'étaient pas en France lors du recensement précédent (1975) et un cinquième a moins de vingt ans. La composition par âge est sensiblement différente de celle de l'ensemble de l'immigration : moins d'enfants et d'adolescents, davantage d'adultes entre 25 et 54 ans, une proportion sensiblement équivalente de personnes âgées ; plus d'hommes que de femmes (257 000 contre 154 000), l'écart étant creusé dans les tranches d'âge de 25 à 54 ans.

Les nationalités qui représentent la grande masse de l'im-

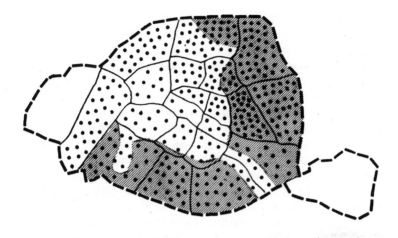

• 1 000 étrangers en 1982

Quartiers industriels et ouvriers traditionnels

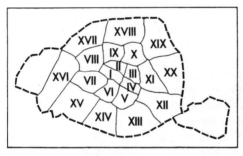

Fig. 11. – Localisation de l'habitat des immigrés dans la ville de Paris comparée à celle des quartiers industriels et ouvriers traditionnels.

migration sur le plan national et dans les zones externes de l'agglomération, les originaires de l'Europe méridionale, Italiens, Espagnols et Portugais (38 % de l'immigration nationale), les Maghrébins et les Turcs (42 %), interviennent en moins grande proportion à Paris, respectivement 27 et 30 %. L'éventail est donc beaucoup plus ouvert et donne bien à l'immigration à Paris le caractère d'une immigration internationale.

La *répartition globale* des étrangers entre les divers arrondissements de Paris est géographiquement assez simple et dans sa réalité fort complexe. La première observation, faite à partir d'une carte de répartition (*fig. 11*), concerne l'ubiquité des étrangers à l'intérieur de la ville de Paris. Le vieux Paris industriel du XIXe et du début du XXe siècle, resté à peu près intact jusqu'aux années 1950, est assurément la zone la plus densément occupée avec plus de 200 000 personnes de nationalités étrangères, soit 55 % des immigrés résidant dans la ville, mais près de la moitié des étrangers est dispersée dans le reste de la ville ; aucun arrondissement n'en est exempt et le plus faible pourcentage par rapport à la population totale d'un arrondissement reste supérieur à 10 % (11,5 % dans le XVe arrondissement). La plus grosse masse est concentrée dans le nord-est et l'est de Paris : plus de 130 000 dans les XIe, XVIIIe, XIXe et XXe arrondissements, mais des pourcentages élevés sont réalisés également dans le centre et même l'ouest (VIIIe et XVIe arrondissements). La présence étrangère est plus diffuse dans la moitié sud, où, malgré des contingents assez importants dans les arrondissements extérieurs, XIIIe, XIVe, XVe (70 000 au total), les pourcentages sont inférieurs à la moyenne générale de la ville. Il est malaisé ou imprudent d'avancer a priori des corrélations qui toutes butent sur d'importantes exceptions. La première tentation est de mettre les concentrations d'immigrés en rapport avec la localisation présente ou au moins récente des établissements industriels. La relation n'est pas douteuse (*fig. 11*). Il y a superposition des concentrations dans les arrondissements de l'est de Paris et de l'infrastructure industrielle et artisanale du XIXe siècle et du début du XXe, dans un large arc de cercle allant des gares du Nord et de l'Est jusqu'à la gare de Lyon, de Barbès à Bercy par Belleville, Ménilmontant et le Faubourg Saint-Antoine. Mais les industries ont disparu ou achèvent de disparaître, les entrepôts sont transférés plus loin vers l'extérieur de l'agglomération (Garonor par exemple). Les emplois eux aussi ont glissé vers la périphérie. C'est donc aujourd'hui indirectement que s'effectue, pour une période de transition de durée indéterminée, la corrélation entre domiciliation d'une immigration de main-d'œuvre et localisation ancienne des emplois dans les usines et les ateliers, par la survie de l'habitat ouvrier par rapport aux installations fonctionnelles auxquelles il était initialement associé, structurellement et géographiquement. Mais, chaque année, une opération de « rénovation » vient rompre cette liaison obsolète. Du moins dans la période intermédiaire entre la décision de rénover et l'ouverture des travaux, la dégradation d'un habitat désormais sans objet économique a-t-elle pour effet de favoriser l'accumulation des catégories sociales les plus déshéritées et, parmi elles, les immigrants aux ressources incertaines, y compris les clandestins et les marginaux. La relation est évidente pour les quartiers à forte concentration d'étrangers dans des immeubles vétustes en partie en état d'occupation de fait plutôt que d'occupation légale, dans les XIᵉ, XVIIIᵉ, XIXᵉ et XXᵉ arrondissements.

En revanche, comment interpréter l'équivalence approximative des pourcentages d'étrangers dans le XVIIIᵉ ou le XIXᵉ arrondissement, et dans le Iᵉʳ, le VIIIᵉ ou le XVIᵉ, et comment y associer les formes d'immigration dans le IIᵉ, le IIIᵉ ou le Xᵉ ? Tout se passe comme si la présence d'étrangers était de même proportion relative dans les quartiers où le quotient individuel de revenu est le plus bas et dans ceux où il est le plus haut. On trouve ici, en fait, la clé d'une autre corrélation, celle qui associe les hauts revenus à de multiples *emplois induits*, dans les services au niveau du « tertiaire inférieur », qui attirent les travailleurs immigrés, plus de 30 000 dans le XVIᵉ arrondissement, près de 10 000 dans le VIIIᵉ, autant dans le VIIᵉ. Par rapport au cas précédent, la corrélation est inverse entre la qualité de l'habitat et la présence des étrangers dans les logements associés ou logements de service. La relation directe entre emploi et fixation de travailleurs immigrés, qui a disparu dans les anciens quartiers industriels, est réalisée ici, non plus au niveau des emplois de secteur secondaire, mais à celui des services (*fig. 12*).

Le cas des arrondissements du centre est encore différent. Si les pourcentages d'étrangers par rapport à la population totale sont élevés, c'est en raison de la désertion bien connue des quartiers d'affaires par l'ancienne population résidante. Ne reste sur place que le personnel attaché au fonctionnement permanent de commerces, de services financiers et surtout hôteliers. Les nombres absolus, 40 000 dans les Iᵉʳ, IIᵉ, IIIᵉ, IVᵉ, VIIIᵉ, IXᵉ et XIᵉ arrondissements, correspondant à la part de la main-d'œuvre étrangère dans l'exercice de ces emplois, ne s'élèvent à des pourcentages voisins de 20 %, ou même plus élevés, que parce que le centre de Paris ne retient plus que 10 à 11 % de la population totale de la ville.

Plus diffuse, la présence des étrangers dans le sud de Paris

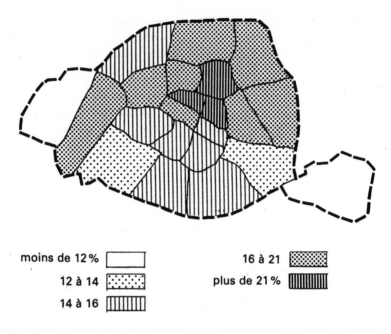

moins de 12 %

12 à 14

14 à 16

16 à 21

plus de 21 %

Fig. 12. – Pourcentage des étrangers à Paris par rapport à la population totale par arrondissement.

est de moins en moins liée à un habitat ouvrier si dégradé qu'il est en train de disparaître complètement dans le XIVᵉ arrondissement (quartier de Plaisance) comme dans le XIIIᵉ (Cité Jeanne d'Arc, Butte aux Cailles). Les corrélations locales et fonctionnelles ne sont jamais que partielles. Le Vᵉ arrondissement a cessé d'être un quartier d'étudiants, par là même cosmopolite, relayé par le XIVᵉ auquel appartient la Cité Universitaire. Les habitats nouveaux des boulevards extérieurs, bâtis à la place des anciennes « barrières » et de la « zone », ont été partagés entre des populations à revenus moyens, de nationalité française et d'origine extérieure, disposant de ressources directes ou indirectes de prise en charge. C'est le cas des îlots voisins des portes d'Ivry et de Choisy dans le XIIIᵉ arrondissement, grignotés par l'immigration asiatique (ci-dessous, p. 86).

En fait, tous les types de relations sont représentés dans les quartiers sud, à partir du Vᵉ et du VIᵉ arrondissement, jusqu'aux limites extérieures des XIIIᵉ, XIVᵉ et XVᵉ, depuis l'association classique, dans les quartiers de gares, des immeubles construits en même temps que les premiers équipements ferroviaires avec une immigration plus ou moins bien contrôlée, prenant la place des provinciaux qui naguère se fixaient, pour un temps, près de leur point de chute dans la capitale, jusqu'aux liens plus nobles entre le folklore artistique et littéraire et l'implantation des représentants de l'intelligentsia étrangère. En même temps, on y rencontre toutes les catégories « juridiques » d'étrangers, les étudiants, les réfugiés, les chercheurs scientifiques, les artistes séjournant pour quelques années, mais aussi, outre la main-d'œuvre des ateliers et des services, une foule plus discrète qui ne figure pas sur les états du recensement.

Au total, un peu plus de 80 000 étrangers recensés, pour 650 000 habitants.

Une partie des zones d'ombre qui subsistent dans l'explication de la répartition spatiale de l'immigration à Paris s'éclaire quand on passe de l'analyse de la population globale à celle des diverses nationalités qui la composent. Il a déjà été signalé que les nationalités « diverses », qui constituent sur le plan national 15 % de l'immigration, interviennent ici pour près de 40 %, plus du double, à tel point qu'il n'est pas aberrant de commencer l'étude des nationalités par l'examen de la catégorie « divers » qui, à Paris, par comparaison avec la structure générale de l'immigration en France, apparaît comme l'élément particulier, donc, probablement spécifique. On en connaît les composants les plus visibles, des contingents croissants d'Africains noirs, les collectivités de réfugiés du Sud-Est asiatique, mais surtout une constellation de petits effectifs se recommandant de presque toutes les nationalités du monde. Leur répartition à l'intérieur du périmètre municipal éclaire sur la distribution des effectifs étudiés entre les grandes catégories socio-professionnelles et en même temps nationales. Les plus forts pourcentages d'étrangers n'appartenant pas aux grandes catégories de l'immigration, c'est-à-dire Européens méditerranéens et Portugais d'une part, Maghrébins et Turcs d'autre part, sont enregistrés dans des arrondissements sociologiquement et économiquement parfaitement différents, en l'espèce, le centre de Paris sur les deux rives de la Seine, IIe, IIIe, IVe, Ve, VIe, VIIe, VIIIe, les franges internes du XIIIe et du XIVe, et enfin ... le XVIe arrondissement. Cette spécificité de l'implantation est mise en relief par la comparaison de la référence des immigrés de la même série (les divers) aux catégories socio-professionnelles. Dans les arrondissements de l'Est, les étrangers de provenance diverse sont des ouvriers constituant la moitié des ouvriers non qualifiés qui y résident ; dans les vieux quartiers du centre, ce sont les salariés des petits ateliers et des travailleurs à domicile ayant repris la tradition des réfugiés des pogroms et des persécutions religieuses et raciales d'Europe orientale et centrale de l'entre-deux-guerres. Dans le XIIIe, mais aussi dans le Ve et le VIe arrondissement, des ouvriers en chambre, des employés, de petits commerçants et artisans, en grande partie asiatiques. Dans les arrondissements de l'Ouest, VIIe et XVIe, ce sont des diplomates, des hommes d'affaires, pour 43 % des cadres dans le XVIe arrondissement, 55 % dans le VIIe. Dans le Ve et le VIe arrondissement, bon nombre d'entre eux sont répertoriés dans la catégorie cadres, professions intellectuelles. On voit aussi apparaître un des aspects de la répartition des étrangers n'appartenant pas aux grands groupes d'immigrés séjournant en France et à Paris essentiellement comme travailleurs de condition modeste. Il correspond très exactement à la structure et à la destination des différents quartiers de la ville, à l'exception surtout de l'implantation imprévue des collectivités d'origine asiatique.

La répartition des nationalités de l'immigration des décennies 1920 à 1950, celles qui s'insèrent dans l'ensemble des pays frontaliers, Italiens, Espagnols et subsidiairement ressortissants des autres pays de la Communauté économique européenne, est conforme à une tradition d'activités de services et d'industries de biens d'usage ou d'articles de luxe, liée à la présence locale d'un marché (*fig. 13*). Aujourd'hui, la majeure partie des « Européens » ayant gardé leur nationalité sont des Espagnols, présents surtout dans le Ier, le IIe, le VIIIe et le XVIe arrondissement. Le Paris des « Européens » est le Paris du centre et de l'ouest, mais ils n'y représentent que quelques fractions de la population totale et passent inaperçus, sinon par leurs patronymes.

Comme dans l'ensemble de la France, et dans la région parisienne tout entière, les deux grands groupes d'immigrés, qui sont en même temps les immigrés récents, sont les

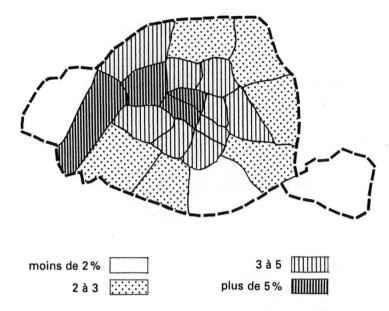

moins de 2 % ▭   3 à 5 ▨

2 à 3 ▨   plus de 5 % ▨

Fig. 13. – Répartition des immigrés issus des pays de la CEE
dans la ville de Paris
(Portugais non compris).

Maghrébins, près de 110 000, soit le tiers des étrangers, et les Portugais (15 %).

Les *Maghrébins* sont les plus concentrés et ceux dont la répartition coïncide le mieux avec leur condition professionnelle et sociale : ils représentent plus de 7 % de la population dans quatre arrondissements de l'est et du nord-est : XVIIIe – où ils sont près de la moitié des étrangers de l'arrondissement –, XIXe, X[e] et XIe, au total plus de 40 % (*fig. 14*). Si l'on y ajoute ceux qui sont installés dans le XXe, où ils représentent une part moins importante de la population, mais un total de près de 10 000, on dépasse le chiffre de 50 000. Le reste, c'est-à-dire environ la moitié du total des trois nationalités nord-africaines à Paris, est dispersé dans l'ensemble de la ville, par petits noyaux correspondant à des groupes d'immeubles en mauvais état destinés à la « rénovation », dans le XIIIe, le XIVe, le XVe arrondissement, près de la gare de Lyon dans le XIIe. Les Tunisiens, qui sont globalement minoritaires dans l'ensemble de l'immigration maghrébine, occupent une place plus importante dans les arrondissements centraux où ils se

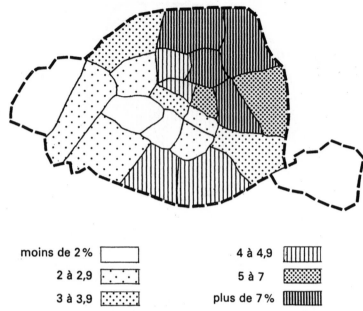

moins de 2 %		4 à 4,9	
2 à 2,9		5 à 7	
3 à 3,9		plus de 7 %	

Fig. 14. – Répartition des Maghrébins à Paris, par arrondissement,
en pourcentage de la population de chaque arrondissement.
(Moyenne pour Paris : 4,9 %)

confondent en partie, sur le plan professionnel, avec les Méditerranéens européens, et où, par ailleurs, les Maghrébins sont au total peu nombreux ; 38 % des Maghrébins dans le IIe arrondissement, 33 % dans le Ier, 33 % dans le VIIe, près de 40 % dans le VIe, alors qu'ils n'interviennent dans le peuplement originaire d'Afrique du Nord que pour un quart, ou moins d'un quart, dans le XVIIIe, le XIXe ou le XIe arrondissement. Les Maghrébins, avec leur masse de plus de 100 000 unités, sont aujourd'hui les seuls immigrés dont la répartition à l'intérieur de la ville de Paris rappelle celle des anciens quartiers industriels et ouvriers (*fig. 14*).

Comme dans le reste de la France, la carte de la distribution des *Portugais* est, à peu de chose près, l'image en négatif de celle de la localisation des Maghrébins (*fig. 15*). Les pourcentages les plus élevés sont réalisés dans le Ier et le VIIIe arrondissement, respectivement 28 et 25 % des étrangers, avec des taux un peu moins élevés dans le VIIe, le VIe et le IXe arrondissement.

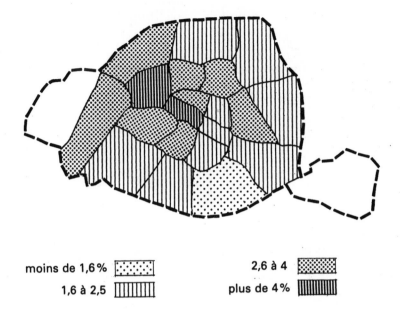

moins de 1,6 % ⬚   2,6 à 4 ⬚

1,6 à 2,5 ⬚   plus de 4 % ⬚

Fig. 15. – Répartition des Portugais à Paris, par arrondissement,
en pourcentage de la population de chaque arrondissement.
(Moyenne pour Paris : 2,5 %)

En fait, la comparaison des deux cartes est directement indicative des formes d'insertion des deux masses d'immigrés dans l'économie et sur le marché du travail. Les Maghrébins, surtout les Algériens et les Marocains, sont des ouvriers du bâtiment, des industries mécaniques et chimiques, des chantiers de manutention. La population active est presque exclusivement masculine. Les Portugais, tout en émargeant largement sur les professions du bâtiment, sont plus ubiquistes dans toutes les professions de l'entretien et des services, et la proportion des femmes actives est élevée, près de 50 % dans le Ier et le VIIIe arrondissement, 40 % dans le XVIe où elles ont progressivement pris la place des Espagnoles (*fig. 15*).

Si l'arrondissement est un cadre commode pour l'examen d'ensemble de la mise en place des grands nombres et l'interprétation de la répartition catégorielle des différentes nationalités et des différentes familles d'emploi, la réalité sociale de l'immigration, avec son cortège de problèmes de relations

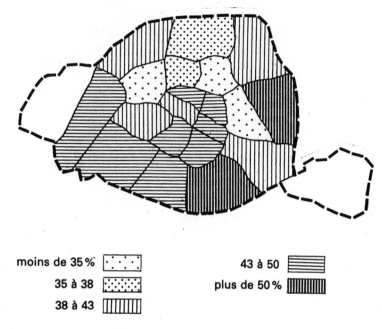

moins de 35 % 43 à 50

35 à 38 plus de 50 %

38 à 43

Fig. 16. – Proportion d'étrangers
appartenant aux « collectivités à petits effectifs unitaires »
par rapport au total des étrangers résidant à Paris, par arrondissement.
(Moyenne pour Paris : 43 %)

et d'affrontements entre collectivités immigrées et entre immigrés
et Français, se mesure à l'échelle du quartier ou de l'îlot. Elle
appelle des « enquêtes de terrain » où la géographie s'associe
à la sociologie et, en l'espèce, à l'anthropologie. La ville
apparaît alors, surtout dans sa moitié est, comme une mosaïque
très hétérogène, où voisinent des ensembles où l'on ne perçoit
aucune présence étrangère et des concentrations autour des-
quelles se polarisent les antagonismes *(fig. 16)*.

Il a paru utile de visiter deux enclaves étrangères dans
Paris. La première est « traditionnelle » et offre l'image du type
classique de quartier dit d'accueil, au pire sens du terme, qui
est, en même temps, pour ceux qui ont un peu de chance,
un simple quartier de transit, la Goutte d'Or ; la seconde est
un exemple de prise de possession d'un ensemble bâti par
une minorité étrangère qui disposait au départ des moyens
d'acquisition du cadre immobilier et a organisé ensuite une

société nationale sous sa protection et à son service, la *Chinatown* du XIIIe arrondissement.

Le quartier de la Goutte d'Or, situé entre la Butte Montmartre et les voies du chemin de fer sortant de la gare du Nord, dans l'angle du boulevard Barbès et du boulevard de La Chapelle, a été construit à la fin du XIXe siècle pour loger les ouvriers du quartier de La Chapelle, en ordre serré le long de rues sinueuses et étroites, en matériaux peu durables. Par une coïncidence fortuite, il évoque assez bien les vieux quartiers du centre de Marseille, qui en sont d'ailleurs contemporains, et, de plus loin, les villes serrées d'Afrique du Nord. En fait, c'est surtout parce que cet habitat, construit aux coûts les plus bas, est vite apparu vétuste par rapport à son environnement immédiat et aux normes d'habitation du XXe siècle, qu'il a été abandonné progressivement par la population qui l'occupait, composée généralement de provinciaux fraîchement arrivés dans la capitale, et repris par des immigrés à faible revenu, se contentant, par habitude et par nécessité, des conditions les plus élémentaires de logement. Il s'y est constitué une armature sociale de quartier, initialement organisée par les « musulmans d'Algérie », avec une structure commerciale et un système de relations sociales conforme aux habitudes importées et aux moyens réduits d'une population en grande majorité masculine envoyant une partie de ses gains au village de départ. Toutefois, dans la mesure où les premiers occupants ont « réussi » économiquement et socialement, c'est-à-dire ont acquis un emploi permanent et amélioré leur qualification professionnelle, ils ont pris conscience de la possibilité de mieux vivre la ville, surtout en cas de regroupements familiaux ; ils sont partis vers des habitats sans doute moins folkloriques, mais plus ouverts et plus sains, dans Paris même ou en banlieue. Le quartier originairement algérien, par relais de la première population de souche provinciale, est devenu multi-national et multiethnique. Les Marocains ont été les premiers à venir prendre la place des Algériens partis vers d'autres quartiers, puis les Africains noirs, issus des divers Etats francophones, mais aussi d'Etats anglophones, comme le Ghana. La diversification s'est faite au pire moment, au point de vue économique et socio-culturel, en période de crise et de sous-emploi. Le travail noir, les bénéfices des activités marginales ne suffisent pas à faire échapper cette nouvelle population exogène à la misère et à la tentation du recours à des revenus illicites. Les premiers occupants s'érigent en moralistes et refusent toute confusion avec la nouvelle immigration, tandis que les Français confondent souvent l'ensemble du quartier dans la même inquiétude et réprobation. L'administration a classé une partie du quartier dans les programmes du substitution d'habitat. Malgré les intentions proclamées, il n'est pas douteux qu'ici comme ailleurs, la rénovation s'accompagnera d'une nouvelle migration, celle de l'élimination des plus faibles, sinon de toute la population étrangère. Mais quand ?

Les collectivités asiatiques sont les plus concentrées et elles tendent vers un modèle de microsociété globale qui attire le qualificatif de *Chinatown* par transposition de l'image des quartiers chinois des grandes villes de l'Amérique du Nord, San Francisco, Vancouver ou Toronto. Au total, les réfugiés de l'Asie du Sud-Est qui les constituent à Paris ne sont que quelques dizaines de milliers, 45 à 50 000 suivant les estimations, un peu moins de la moitié de ceux qui sont venus en France. Les mécanismes de constitution et de croissance des noyaux sont à peu près identiques dans les divers lieux de fixation. Le premier acte est la prise de possession ou jouissance de logements et de locaux commerciaux par des réfugiés venus au moment où l'émigration a pu s'accompagner de transferts d'argent. Il est le plus souvent le fait de membres des communautés chinoises du Sud Vietnam et du Cambodge. Le deuxième acte est l'accueil et, pour une part, l'embauche de réfugiés moins favorisés, partis plus tard, parfois dans les pires conditions des *boat peoples*, Cambodgiens, Laotiens, Vietnamiens qui sont employés dans les entreprises créées par les premiers immigrés, restaurants, commerces d'importation, magasins de vente de produits orientaux, ateliers, officines de distribution de travail à domicile, etc. Il y a toutefois disproportion entre le nombre de personnes actives logées et celui des personnes actives employées sur place ou dans un périmètre relativement restreint. Une proportion importante des résidants travaillent hors de l'arrondissement, soit dans Paris, soit en banlieue et, dans la plupart des cas, dans une catégorie professionnelle inférieure à celle dans laquelle ils étaient employés dans le pays de départ. Les métiers les plus souvent cités sont ceux de la restauration pour les hommes, les postes de vendeuses et de caissières dans les grandes surfaces pour les femmes[1]. Ainsi se constituent des groupes structurés, dont le plus important par le nombre de personnes concernées est celui du boulevard Masséna, dans le XIIIe arrondissement, avec diverses retombées dans d'autres îlots du XIIIe et dans les arrondissements voisins, notamment Ve et VIe (quartier de l'Odéon). Les premières installations remontent à 1975, époque de la mise en vente et en location des appartements des tours bâties sur le boulevard Masséna, l'avenue de Choisy, l'avenue d'Ivry dans l'environnement des portes de Choisy et d'Ivry. Elles ont très rapidement fait boule de neige et, en même temps, essaimé à l'intérieur de l'arrondissement. L'économie locale s'autoalimente partiellement du fait de la création simultanée d'un marché de vente et d'un marché de consommation. Les adultes, et surtout les personnes âgées, sont en partie isolés par une pratique imparfaite de la langue française. Les classes d'âge jeune (47 % de moins de vingt ans) accèdent sans difficulté et souvent brillamment à la culture française, mais le milieu familial reste fermé.

Les deux exemples, aussi différents que possible, de « ghettos » d'immigrés dans Paris, donnent une image de ce que l'on retrouve en un très grand nombre de cas, mais à beaucoup plus petite échelle au niveau de l'îlot, ou parfois de l'immeuble ou de l'hôtel meublé. Les grands travaux de destruction des taudis, réalisés entre 1950 et 1970, ont fait disparaître les conditions mêmes de la constitution de zones de concentration de classes déshéritées à fort pourcentage d'immigrés. Il ne subsiste que çà et là des « taches » dans les arrondissements extérieurs du nord et de l'est, exceptionnellement du sud.

Il faut, par ailleurs, distinguer l'habitat des immigrés à revenu réexpatrié ou à un seul revenu par famille regroupée, qui reste, pour une part, un habitat de ghetto, et celui des immigrés à revenu convenable, à plusieurs salaires par ménage, qui se confond avec celui de la classe moyenne française. La diffé-

---

1. B. Leynaud, J. Steinberg, Lam Thanh Liem, *Les Réfugiés de l'Asie du Sud-Est dans le XIIIe arrondissement de Paris*, 1984, Université de Paris I, 29 p.

rence se projette sur celle des collectivités nationales et ethnoculturelles. Les Maghrébins appartiennent encore, pour une forte proportion, à la première catégorie, tout en cherchant de plus en plus à y échapper. Les Portugais, comme les autres Européens qui les ont précédés, partagent les conditions d'habitat et, en fait, de localisation des Français. Pour eux, c'est le marché du travail qui est, comme on l'a vu, le facteur principal de domiciliation. Il en est de même en banlieue.

Les banlieues immédiates

Le découpage départemental (Hauts-de-Seine, Seine-Saint-Denis et Val-de-Marne) de la première ceinture de banlieue est assez incommode pour la détermination des lieux réels de concentration de l'immigration. Celle-ci est, comme dans la ville de Paris, associée spatialement à la distribution des industries qui ont été les foyers d'appel aux travailleurs étrangers et des promoteurs de logements construits à la fin du XIXe siècle et au début du XXe pour la fixation de la main-d'œuvre, souci majeur des chefs d'entreprise. De même que cette politique économique et sociale a abouti à l'identification de cette zone industrielle avec la « banlieue rouge » des années 1930, elle a pour conséquence aujourd'hui la concentration des travailleurs étrangers et surtout de ceux qui cherchent un emploi dans les usines à forte concentration de main-d'œuvre à basse qualification, la construction automobile au premier chef, les industries induites de sous-traitance, diverses industries mécaniques et chimiques, des entreprises de manutention. Une carte des communes où la population étrangère dépasse le taux de 20 % de la population totale exprime bien cette situation. En fait, le recouvrement n'est que partiel du fait de la « désindustrialisation » et de la diminution de la capacité d'emploi des industries fortes d'autrefois. Ainsi, on sera sans doute surpris de ne plus trouver Boulogne-Billancourt parmi les communes à forte présence de travailleurs immigrés : la réduction du nombre d'emplois de travailleurs non qualifiés, la reconversion d'un partie de la commune en zone d'habitat de haut standing suffisent à expliquer la chute du taux d'immigration à 14,6 % seulement. Il n'y a plus pour tous identification de l'aire de résidence et de l'aire de travail, ce qui impose des migrations journalières à une partie de la population étrangère, qui était naguère littéralement cloîtrée dans un système fermé de logement-usine, ce qui contribue à la rendre beaucoup plus perceptible à l'observation extérieure. Saint-Denis, Aubervilliers ont gardé leurs logements d'infortune même quand ils ont perdu leurs usines. Ils demeurent des campements de réserves de travailleurs immigrés. Restent cependant les concentrations homogènes dans les communes qui ont conservé l'essentiel de leur marché de l'emploi comme Nanterre ou Gennevilliers. La population immigrée s'y est stabilisée en passant souvent d'un habitat improvisé en bidonvilles à des logements en dur.

Le département des *Hauts-de-Seine* est coupé en deux par la trouée verte de Saint-Cloud, Garches. Au nord, la zone industrielle est chargée d'un pourcentage d'étrangers fortement supérieur à la moyenne départementale, qui est de 13 % en 1982, dépassant 20 % dans de grosses communes de plusieurs dizaines de milliers d'habitants la plus importante étant celle de Nanterre (69 500 habitants, 22 % d'étrangers). Suivent Gennevilliers (45 200 habitants, 28 % d'étrangers), Clichy (47 200 habitants, 22 % d'étrangers), Levallois-Perret (53 600 habitants, 21 % d'étrangers). Nanterre et Gennevilliers se singularisent par ailleurs par la présence d'une des plus fortes concentrations de Marocains de la région parisienne : 8 000.

Au sud, seules les communes limitrophes de la ville de Paris, qui sont toutes en voie de désindustrialisation et de reconversion immobilière, ont encore des pourcentages d'étrangers supérieurs à la moyenne départementale (Boulogne-Billancourt, 101 200 habitants et 14 % d'étrangers), Issy-les-Moulineaux (46 000 habitants et également 14 % d'étrangers). Le pourcentage tombe à moins de 10 % dans l'arrondissement d'Antony, sauf à Bagneux (11,2 %). Cette différence numérique correspond aussi à une différence de composition nationale. Le sud est le domaine de l'immigration diffuse, à la fois sur le plan socio-économique et sur celui de la répartition des nationalités. L'immigration y est pour une part une immigration de cadres et d'étudiants ; l'immigration ouvrière est représentée essentiellement par les Portugais. Le nord du département s'associe au grand domaine de la banlieue nord tout entière, qui est celle de l'immigration de travailleurs non qualifiés et d'ouvriers qualifiés, en forte majorité maghrébine. Dans les deux cas, il y a correspondance avec les structures de l'immigration dans les arrondissements de Paris immédiatement limitrophes : XVIIe, XVIIIe au nord, XVIe, XVe et XIVe au sud.

La plus forte concentration d'étrangers est réalisée dans le département de la *Seine-Saint-Denis* qui correspond à la plus vieille région industrielle de l'ensemble parisien. Les taux les plus élevés de présence étrangère sont observés dans les communes situées immédiatement au nord de la ville de Paris, plus précisément des XVIIIe et XIXe arrondissements : Saint-Ouen 21,4 %, Saint-Denis 28,1 %, Aubervilliers 26,5 %, Bobigny 21 % et, plus au nord, La Courneuve, 21 %, ou Aulnay, 19 %. Dans cet ensemble se trouvent rassemblés environ 150 000 étrangers sur les 225 000 qui ont été recensés en 1982 dans le département, pour plus de moitié d'origine maghrébine, pour un cinquième Africains noirs, Turcs et Asiatiques.

Si, faisant abstraction des limites départementales, on totalise l'ensemble des immigrés résidant dans les banlieues nord de l'agglomération, au contact de la limite de la ville de Paris, on obtient un chiffre voisin de 300 000, dont un peu moins de 200 000 Maghrébins, autrement dit presque autant d'étrangers que dans la ville de Paris et deux fois plus de Nord-Africains, davantage aussi d'immigrés de pays divers, surtout africains et asiatiques, au rang d'ouvriers non qualifiés ou très peu qualifiés. Il en résulte un paysage social très particulier qui a remplacé l'ancien cadre « prolétarien » des contestations parisiennes du début du XXe siècle, qui envahit la rue et l'appareil commercial. Si l'on franchit la bien abstraite limite entre banlieue et ville de Paris pour reconstituer l'unité de fait des quartiers d'immigration dans Paris et hors Paris, l'effectif total des étrangers est de près de 400 000 et le nombre de Maghrébins approche de 250 000 *(fig. 17)*.

A observer de plus près les fortes concentrations de la banlieue nord, on est frappé par la corrélation entre taux d'immigration et durée historique du phénomène migratoire. Les trois communes suburbaines du nord qui ont les plus fortes proportions d'étrangers, Saint-Denis, Nanterre et Gennevilliers, étaient des lieux de forte immigration dès la période intermé-

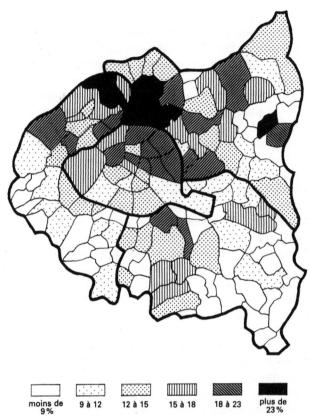

moins de 9 % | 9 à 12 | 12 à 15 | 15 à 18 | 18 à 23 | plus de 23 %

Fig. 17. – Les étrangers dans l'agglomération parisienne (ville de Paris et les trois départements limitrophes) en pourcentage de la population communale.
(Pour Paris, par arrondissement) (moyenne 15 %)
(Source : Pierre GEORGE, « Les étrangers en France, étude géographique »,
Annales de Géographie, n° 529, mai-juin 1986, pp. 273-300)

diaire entre les deux guerres mondiales et, ce qui les différencie des arrondissements et quartiers parisiens à forte proportion actuelle d'étrangers, déjà des villes à haut pourcentage de Maghrébins, essentiellement Marocains et Algériens. Il y a à cela plusieurs raisons : initialement l'appel organisé à une main-d'œuvre destinée à des travaux ingrats, malsains et dangereux, surtout les emplois de l'industrie chimique, de la manutention des produits lourds et polluants, généralisé ensuite aux industries des métaux (fonderies), aux constructions mécaniques et naturellement toujours aux chantiers du bâtiment, des chemins de fer, des routes. Cet appel a donné lieu à un recrutement effectué directement dans les régions de peuplement excédentaire, notamment dans le Sud marocain, mais aussi dans les régions montagneuses de l'Algérie, à ce moment sous régime de départements français. Il a tracé des « itinéraires » entre pays d'émigration et banlieue parisienne, d'autant plus que, pour une grande part, au début, il s'agissait principalement d'une immigration temporaire d'hommes seuls venant travailler sur contrat pour quelques années et à expiration d'un ou deux contrats se faisant remplacer par un membre plus jeune de la famille ou de la collectivité villageoise[1]. Une fois amorcé, le mouvement se poursuit de lui-même. Le second élément de permanence et de fixation est la création d'un milieu d'existence de l'immigration. Ce milieu est, en premier lieu, d'ordre social : la formation d'un réseau d'accueil et de relation, parrainé par des immigrés de vieille date, cafetiers, hôteliers, commerçants, offrent leurs bons offices, facilitant les premiers contacts, non sans en retirer quelque profit. En second lieu, il s'identifie à un habitat multiforme dont une partie sordide a appelé des opérations d'assainissement, mais qui, à un moment donné, a le mérite d'exister et d'offrir à l'arrivant, quel qu'il soit, homme seul ou chef de famille, un abri à la mesure de ses moyens, sinon de ses besoins. Originairement, il y a relation de voisinage entre cet habitat et les lieux d'emploi dans un ensemble hiérarchisé mais au niveau le plus bas, où sont associés les travailleurs français et les travailleurs immigrés, ou bien où se groupent en ghettos les originaires des mêmes pays. C'est ainsi que s'est formé, dès 1925, le premier habitat marocain de Gennevilliers, au quartier des Grésillons, grossi par vagues migratoires successives, en 1936, puis en 1945, l'immigration algérienne venant voisiner avec l'immigration marocaine autour du premier foyer musulman de la région parisienne[2]. Ailleurs, ce sont des Yougoslaves, plus rarement des Portugais, plus récemment des Noirs répertoriés généralement comme Séné-

---

1. Pierre GEORGE, *Les Migrations internationales,* Paris, Presses Universitaires de France, 1976, p. 58.
2. Catherine GOKALP, M.-L. LAMY, « L'immigration maghrébine dans une commune industrielle de l'agglomération parisienne, Gennevilliers », *Les Immigrés du Maghreb,* INED, Paris, *Travaux et Documents,* cahier n° 79, pp. 317-403.

galais parce qu'ils ont quitté l'Afrique par Dakar, mais issus des régions pauvres du Sahel.

Telle est l'image de l'immigration dans les premières villes industrielles de la banlieue parisienne, image remise en question aujourd'hui par l'évolution générale des modes de production. L'unité de lieu est rompue en grande partie à Saint-Denis du fait de la « désindustrialisation », c'est-à-dire par la péremption et l'abandon de quelques-unes des industries de voisinage ingrat de la première période industrielle, qui avaient employé de gros effectifs de « travailleurs de force » remplacés, dans la mesure où elles subsistent, par un équipement mécanisé. Saint-Denis est devenu une « commune dortoir » pour les travailleurs les plus humbles, des immigrés, pour plus de moitié Maghrébins et Africains noirs. Gennevilliers et Nanterre ont davantage conservé l'« harmonie » entre habitat et travail à travers des mutations imposées par les nécessités de la productivité. Les employeurs et les administrations municipales ont été surpris au cours des cinquante dernières années par les effets induits cependant prévisibles du recours à une main-d'œuvre immigrée qui a été longtemps considérée comme de passage, alors que, progressivement, des unités familiales se reconstituaient et que se fondait une « population ». La première phase a donc été celle des *bidonvilles*, dont Nanterre a offert de tristes exemples au lendemain de la Seconde Guerre mondiale [1]. Il s'agissait de grands campements de baraquements et de cabanes improvisées où des « anciens » attribuaient les places disponibles aux nouveaux arrivants. L'insalubrité et l'inconfort, peut-être plus encore la crainte inspirée aux habitants par le voisinage de ces collectivités marginalisées par les conditions qui leur étaient imposées, ont provoqué des opérations d'urbanisme associées à la transformation du rôle de la ville : création de l'Université, implantation des services préfectoraux. Qualifiées d'urgentes, ces opérations se sont étalées sur une période d'une vingtaine d'années. La première étape a été la résorption des bidonvilles par relogement de leurs occupants dans des cités d'urgence ou cités de transit,

---

1. Ces bidonvilles ont été étudiés sur le terrain à l'époque par R. Fosset. Voir de cet auteur : « Les travailleurs nord-africains dans une entreprise de Nanterre, 1948-1953 », *Etudes sur la région parisienne,* 1965, n° 5, pp. 11-19.

Cité Doucet, Cité du Pont de Bezons, Cité Gutenberg, Cité des Grands Prés, occupant des terrains vagues dans les interstices entre les voies ferrées, les usines et les nouvelles liaisons routières, construites en matériaux légers pour durer quelques années. Les dernières ont disparu en 1985. La troisième étape est, en effet, l'accès aux HLM. Mais l'issue du voyage est incertaine, car la fermeture ou le transfert d'usines augmente le nombre des chômeurs et risque d'en faire des locataires insolvables qui ont souvent à entretenir une famille nombreuse avec quelques adolescents en quête d'un improbable emploi. Nanterre, Gennevilliers, touchées par les restructurations industrielles risquent de devenir, comme Saint-Denis, des habitats coupés du travail. Dans les meilleurs des cas, leurs habitants gonfleront les migrations quotidiennes entre lieux de résidence et lieux d'emploi. Où ? à Gennevilliers encore, qui ne loge qu'un tiers de la main-d'œuvre immigrée qui y est employée, à Argenteuil ou plus loin. Les Maghrébins cherchent le plus possible à éviter ces déplacements ; ils se sentent plus en sécurité dans le ghetto habitat-travail ; les autres immigrés sont plus mobiles. Mais ces migrations quotidiennes sont à leur tour enfermées dans un ensemble plus vaste qui est la masse des communes de la « première couronne », de Nanterre à Aubervilliers, associée aux arrondissements du nord de la ville de Paris.

La carte de répartition des étrangers dans le *Val-de-Marne,* au sud-est de la ville de Paris (voir *fig. 17*, p. 91), est presque parfaitement le décalque de celle des industries des décennies 1920-1930. Les pourcentages supérieurs à la moyenne départementale de 12,5 % sont, par ordre décroissant, les communes riveraines de la Seine, Ivry (19,8 %), Alfortville (18,7 %), Choisy-le-Roi et Thiais (16,6 %), Vitry (14 %), Draveil (13,2 %), Villeneuve-le-Roi (13,8 %) et quelques communes de la vallée de la Marne, Champigny, Villiers (16,25 %). A part, une seule commune, pour des raisons d'ordre exceptionnel, Orly (17,3 %). Le reste du département enregistre des pourcentages inférieurs à 10 %. Comme à Saint-Denis ou dans les arrondissements du nord-est de Paris, la désindustrialisation des rives de la Seine ne s'est pas accompagnée du départ des immigrés employés dans les tâches les plus modestes, parce que l'habitat, y compris l'habitat amélioré, a survécu aux emplois industriels locaux. La moitié des immigrés des communes riveraines de la Seine et de la Marne sont des Nord-Africains qui travaillent, pour la plupart, dans d'autres secteurs de la banlieue. Cependant, le type social de la banlieue sud-est, avec sa demande de services, ses multiples chantiers de construction ou de réparation et d'entretien de pavillons convient mieux à l'emploi des Portugais. Dans l'ensemble du département, les contingents sont assez équilibrés : 45 % de Maghrébins, 45 % de Portugais, 10 % de « vieux immigrés » surtout italiens, avec concentration des Maghrébins le long de la Seine et de la Marne immédiatement en amont du confluent et plus large diffusion des Portugais dans l'ensemble du département.

La grande banlieue

La grande banlieue, qualifiée par certains auteurs de « grande couronne », c'est-à-dire les départements des Yvelines, de l'Essonne, du Val-d'Oise et de Seine-et-Marne, qui ont de vastes étendues d'espaces agricoles, compte encore 400 000 étrangers, soit un pourcentage de 10 %. Mais la répartition entre les nationalités d'origine est différente de celle des banlieues limitrophes et la localisation beaucoup plus ponctuelle. Les Maghrébins sont concentrés dans quelques zones industrielles, la vallée de la Seine de Poissy à Mantes, plus de 30 000, la basse vallée de l'Oise et le centre industriel d'Argenteuil, une vingtaine de milliers, les zones résidentielles de la plaine de Montmorency Sarcelles, 20 000, l'agglomération de Meaux, 10 000. Certains noyaux industriels ont fait appel de préférence à des Marocains. Le département des Yvelines, dans les deux arrondissements de Mantes et de Saint-Germain-en-Laye, – en l'espèce l'agglomération de Poissy –, en compte près de 20 000, 15 % de la collectivité marocaine de la région Ile-de-France. Les immigrés les plus nombreux de la grande banlieue sont pourtant les Portugais, 35 000 dans l'Essonne, pour moitié dans l'arrondissement d'Evry, 43 000 dans les Yvelines, près de 30 000 dans le Val-d'Oise (un tiers dans la ville nouvelle de Cergy-Pontoise), près de 40 000 dans le département de Seine-et-Marne.

D'une manière générale, la palette de l'immigration est beaucoup plus diversifiée quand on s'éloigne de Paris que dans le premier anneau de banlieue. L'immigration traditionnelle de Méditerranéens européens, Italiens et Espagnols, est toujours

POPULATION ÉTRANGÈRE DANS L'ILE-DE-FRANCE
par arrondissement (Paris et le département de Seine-et-Marne exclus) (en milliers)

	Population totale	Etrangers	CEE (moins les Portugais)	Portugais	Maghrébins	Turcs
Hauts-de-Seine (92)						
Antony	370	32,4	4,5	7,8	11	0,3
Nanterre	726	123	14,3	23,5	63	0,5
Boulogne-Billancourt	285	36	6,9	8,4	11,6	0,3
Seine-Saint-Denis (93)						
Bobigny	878	162	17,5	30,2	79,2	1,2
Le Raincy	449	63	7,8	14,6	41	2,1
Val-de-Marne (94)						
Nogent-sur-Marne	345	42	6	20	11	0,4
Créteil	618	82	10	25,6	30,5	0,7
L'Haÿ-les-Roses	230	28	4	6,4	11	0,2
Essonne (91)						
Evry	425	42	5	16	13	0,7
Etampes	98	6,6	1	4	1	–
Palaiseau	458	41	6	16,5	14	0,3
Val d'Oise (95)						
Argenteuil	192	26,6	3	5,4	15	0,2
Montmorency	381	49	5	12	20	2,5
Pontoise	348	28,7	4	10	10	0,2
Yvelines (78)						
Versailles	305	24	3,5	8	8,2	0,5
Rambouillet	169	10	1,5	4,6	3	–
Mantes	225	32	2,2	9	15	0,6
Saint-Germain-en-Laye	482	55	10	22	14,5	0,5

présente ; les Turcs apparaissent plus souvent, bien que peu nombreux dans l'ensemble. L'éventail est largement ouvert sur les petites collectivités d'origine diverse, notamment dans les banlieues résidentielles, à Versailles ou à Saint-Germain-en-Laye.

Les proportions de Portugais et de Maghrébins, par rapport à la population totale, sont, dans la grande banlieue, respectivement de 3,5 % et de 2 % contre 2,9 % et 6 % dans le département des Hauts-de-Seine, 3,4 % et 8 % dans celui de Seine-Saint-Denis.

La région lyonnaise et les Alpes du Nord

A l'intérieur de la région Rhône-Alpes, il convient, en ce qui concerne le sujet, de distinguer trois ensembles très différents les uns des autres : la conurbation de Lyon et de Saint-Étienne, qui se subdivise elle-même en deux sous-ensembles, l'agglomération de Lyon et de Saint-Étienne, l'agglomération grenobloise et la diaspora industrielle des vallées et des cluses savoyardes.

La masse principale est celle de la conurbation de Lyon et de Saint-Étienne avec plus de 200 000 étrangers. L'agglomération grenobloise vient très loin derrière avec 50 000 étrangers. Les semis de petits centres industriels des vallées et des cluses savoyardes en compte plus de 70 000. Le Bas-Dauphiné, qui confine au nord à la région lyonnaise, intervient pour quelques dizaines de milliers qui se rattachent fonctionnellement à l'agglomération lyonnaise et à l'extrémité nord de la dépression stéphanoise.

On peut suivre, sur un laps de temps assez court, les transformations de l'immigration dans les trois aires d'appel à la main-d'œuvre étrangère qui s'articulent à l'intérieur de la région. Jusqu'à la Seconde Guerre mondiale, les industries lyonnaises et stéphanoises, celles des vallées alpines, recourent en majeure partie aux travailleurs italiens, venus le plus souvent de l'autre versant des Alpes, du Piémont surtout, puis, à partir des années 1930, de Vénétie et du Trentin. Les compagnies minières et sidérurgiques ont embauché des ouvriers polonais, l'industrie chimique a commencé à recourir aux Algériens,

97

qualifiés alors de « Français musulmans », notamment à Saint-Fons. En 1962 encore, les Italiens et les Espagnols étaient plus nombreux que les Maghrébins ; dans le Rhône, près de 40 000 contre 28 000 sur moins de 80 000 étrangers, donc environ 50 %, 17 000 dans la Loire, contre 10 000, également 50 % des étrangers, 42 000 dans l'Isère, ici les deux tiers des étrangers (13 000 Maghrébins).

Au cours des vingt dernières années on a vu se succéder deux vagues migratoires nouvelles : la première est celle des Maghrébins. Elle commence aussitôt après la fin de la guerre d'Algérie et culmine en 1975. Dans les trois départements du Rhône, de la Loire et de l'Isère, le nombre des Algériens, Marocains et Tunisiens, passe de 49 000 à plus de 100 000 (accroissement de 55 000). La deuxième vague est celle des Portugais. Ils étaient à peine 2 000 en 1962. Ils sont 47 000 en 1982. La répartition des hommes entre les différentes catégories professionnelles n'est pas sensiblement différente entre Maghrébins et Portugais, mais la proportion de femmes actives est beaucoup plus élevée, comme partout, chez les Portugais que chez les Maghrébins[1].

L'agglomération lyonnaise

L'agglomération lyonnaise, avec 150 000 étrangers, 12 % de la population totale, est une des plus grandes concentrations de travailleurs nord-africains en dehors de la région parisienne : plus de 80 000. Les Portugais n'y sont que 21 000, mais les collectivités italienne et espagnole y retiennent encore respectivement plus de 14 000 et 12 000 personnes. Au point de vue fonctionnel, il faut ajouter à l'agglomération, telle qu'elle est définie statistiquement, les agrégats industriels et urbains du Bas-Dauphiné et l'extrémité nord du sillon de Saint-Étienne (Rive-de-Gier, Givors). Le nombre des immigrés dépasse alors 160 000, et celui des Maghrébins atteint les 100 000[2]. On perçoit en même temps deux types de localisation, l'insertion

---

1. La sex-ratio est également différente, la population masculine étant sensiblement dominante chez les Maghrébins, sensiblement égale à la population féminine chez les Portugais.

2. Dans la ville même, 45 000 et 11 % de la population totale, dont un peu moins de 25 000 Maghrébins.

intime dans le tissu urbain ancien au prorata de son vieillissement et de sa dévalorisation immobilière et la coagulation dans les zones industrielles à l'intérieur d'habitats sociaux créés spécialement pour fixer la main-d'œuvre des grands établissements industriels, fondés ou agrandis surtout au cours des décennies 1950 et 1960. Deux types d'habitat et de relations sociales, par conséquent, le quartier industriel séculaire, lié aux industries du XIXe siècle, aux activités des gares, image classique des « quartiers prolétariens », et les HLM construites rapidement pour éviter ou résorber les bidonvilles et remplacer les cités d'urgence et de transit improvisées pour parer au plus pressé par les administrations municipales ou des associations privées. Chaque habitat est une étape dans un circuit vécu par la collectivité immigrée d'une façon plus directement perceptible que dans l'agglomération parisienne, mais comparable aux processus observés dans l'agglomération marseillaise (ci-dessous, p. 113).

Comme toute grande ville, *Lyon* a ses quartiers déshérités, soit par mutation d'usage, soit par destination originelle aux ateliers et au logement ouvrier, aujourd'hui totalement obsolètes. Le quartier du bas de la Croix-Rousse, le plus vieux secteur industriel de Lyon, le quartier Saint-Jean, près de la gare de Lyon-Vaise, La Guillotière sont les plus représentatifs de cette déchéance urbanistique. Il s'y est constitué des ghettos d'immigrés surtout nord-africains. Les programmes de rénovation sont venus trop tard, mais remettent en cause leur occupation provisoire dans le proche avenir. Ces quartiers sont les points de chute des « nouveaux » arrivants, surtout des hommes seuls, qui y trouvent les apparences d'un cadre d'accueil, du fait de la présence de compatriotes parlant la même langue, qui tiennent des hôtels meublés, de petits commerces de « couleur locale », font fonction d'agents recruteurs des employeurs. Ce sont aujourd'hui essentiellement des quartiers de Maghrébins qui ont remplacé les collectivités d'immigrés européens, volatilisées dans l'ensemble de la ville et de l'agglomération, pour une part intégrés à la population française.

L'arrivée des familles a posé d'autres problèmes, et surtout accru le souci d'éviter la tare de l'habitat spontané qui est la hantise de toute administration municipale. On a donc, en premier lieu, créé des cités d'urgence pour les immigrés en quête d'un travail et d'un logement décent. Il en a été créé à Oullins, sur la rive droite du Rhône en aval du confluent, à Caluire, au nord de la ville, à Saint-Cyr au Mont-d'Or. Le troisième stade de l'implantation est celui de l'accès à un logement dans les HLM de type social où l'on a tenté d'amalgamer en proportions calculées immigrés et travailleurs d'origine française, spécialement au sud-est de l'agglomération : l'est du VIIIᵉ arrondissement, Saint-Fons, Vénissieux, Saint-Priest.

Villeurbanne, en tant que première banlieue industrielle de Lyon, a toujours été lieu d'implantation d'immigrés au même titre que Saint-Denis dans la banlieue parisienne, et a connu une évolution semblable, migration des industries et persistance de l'habitat des ouvriers non qualifiés et des immigrés : il y en a plus de 17 000 dont près de 10 000 Nord-Africains sur 115 000 habitants (15 %). L'exode des industries et des emplois sur place, les travaux de rénovation des îlots les plus dégradés ont bloqué le mouvement d'immigration depuis dix ans déjà. Les quartiers d'immigration de Villeurbanne sont petit à petit quittés pour les HLM des communes de l'est et du sud de l'agglomération ; Vaulx-en-Velin, Vénissieux. Abandon définitif ou transmission du premier relais d'insertion à de nouveaux immigrés ? Il semble que le deuxième terme de l'alternative soit retenu par les observateurs pour quelques-uns des plus tristes ghettos comme la Cité Simon, de la rue Olivier de Serres *(fig. 18).*

Les plus fortes concentrations tendent cependant à devenir les cités d'HLM des communes périphériques où la cohabitation avec des familles françaises de revenus modestes n'est pas exempte de tensions, d'autant plus que les genres de vie sont différents et que le seul lieu de rencontre et de vie collective est l'usine pour les hommes, l'école et l'environnement de l'école pour les enfants et les femmes (ci-dessous, p. 151).

Dans le département de la Loire, en dépit de la crise des charbonnages et des industries traditionnelles, le nombre des étrangers a presque doublé en un peu plus de dix ans : 1962-1975. Il s'est tassé entre 1975 et 1982 (de 63 300 à 61 500), dont plus de la moitié dans l'agglomération de Saint-Étienne. Le plus gros contingent est constitué aujourd'hui par

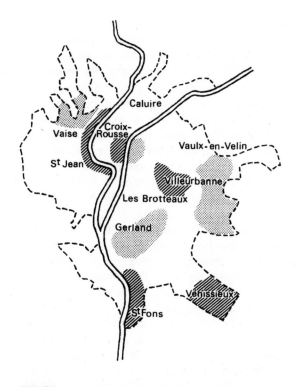

Zone de forte concentration (plus de 8 %)

Zone de concentration moyenne (de 5 à 8 %)

Fig. 18. – Les étrangers dans l'agglomération lyonnaise.
(Source : Pierre GEORGE, « Les étrangers en France,
étude géographique », *Annales de Géographie,* n° 529,
mai-juin 1986, pp. 273-300)

les Nord-Africains : 30 000 dont 7 000 Marocains, qui font figure de nouveaux venus dans l'immigration, rassemblés pour les trois quarts dans l'agglomération même de Saint-Étienne.

Saint-Étienne est assurément un cas particulier parce que, jusqu'à un passé très récent, elle a représenté l'image de l'intégration de la mine et de l'industrie, surtout de l'industrie lourde, à la ville. Il n'y a pas originairement une ville et des zones industrielles dépendantes, mais amalgame. Cet amalgame fonctionnel est en même temps un amalgame social et un amalgame d'apports nationaux et ethniques différents. Il se retrouve partout, dans le centre-ville, comme, à plus forte raison, dans les quartiers industriels et miniers. André Vant en a donné d'excellentes images dans sa thèse *Imagerie et Urbanisation*. On retiendra, à titre d'exemples, les cas du centre-ville, celui d'une zone d'habitat ouvrier, devenue zone industrielle par récupération de la majeure partie des terrains habités, le Marais, celui d'un quartier en cours de rénovation, et enfin celui d'un ancien quartier minier, Côte Chaude.

Saint-Étienne offre un bon exemple de « prolétarisation du centre-ville » (A. Vant). La population ouvrière qui y a fait son apparition depuis plus d'un demi-siècle déjà dans les maisons bourgeoises délabrées, comportait, jusqu'aux années 1960, une majorité d'Italiens et d'Espagnols. Ils y ont été remplacés, depuis vingt ans, par les nouveaux venus, Portugais et Algériens qui représentent actuellement plus de 11 % de la population du quartier de l'Hôtel de Ville. Ils s'entassent, comme à Lyon, dans les immeubles de prestige d'autrefois, dont certains sont classés monuments historiques, dans les traboules qui évoquent les « courées » du Nord. « La population résidante [...] forme le groupe ethnique le plus bariolé de la ville, avec Arméniens, Grecs, Algériens, Polonais, Russes, Yougoslaves, Marocains, Espagnols, Italiens, Portugais » [1]. Il s'agit d'une population relativement instable, du fait de sa condition et de sa constante recherche d'un mieux-être, et en même temps refoulée par les travaux de rénovation.

Dans la zone industrielle et minière avaient été créés de véritables « corons » pour des ouvriers étrangers, notamment dans le quartier du *Marais* qui fut, entre les deux guerres, un quartier polonais, centré sur la paroisse fondée à la demande même des résidants. A partir de 1950, les Maghrébins remplacent et éliminent les Polonais. Enclavé par de nouvelles voies de circulation, remanié par des destructions et des reconstructions et par l'extension des espaces industriels, il fait aujourd'hui figure de zone de transit où l'église Saint-Éloi des Polonais est devenue « centre social et culturel » maghrébin.

---

1. A. Vant, *op. cit.*, p. 458.

Dans une ville en constante transformation, la mobilité de la population, et notamment de la population la plus instable, la population immigrée, est particulièrement grande et les taux d'occupation par des étrangers sont bien souvent confondus avec l'âge des immeubles. C'est notamment le cas dans le quartier de Valbenoîte où l'on a entrepris de parachuter une partie des activités directionnelles. « D'une part, l'espace rénové de Centre II avec son peuplement de cadres supérieurs et moyens (53 % de la population active)[...], d'autre part, l'espace en attente de rénovation (ZAD de Centre II) où seuls quelques bâtiments récents seront conservés, que caractérisent vieillissement et surtout gonflement des effectifs étrangers (14,9 % de la population en 1975, dont 36 % d'Algériens) attirés par l'extrême taudification des immeubles, synonyme de loyers à bon marché » [1].

Le quartier de Côte Chaude est représentatif des quartiers de mineurs. Dès les années 1920-1930, la proportion d'étrangers est de l'ordre de 12 %, d'abord des Italiens, puis des Polonais. Après la guerre, on fait appel à des Algériens, un plus tard à des Marocains ; en 1975, la proportion d'étrangers est montée à 20,1 % ; 53,2 % d'entre eux sont Algériens, 14 % Marocains ; les Italiens sont encore un peu plus de 20 %, les Polonais 3,7 % seulement.

« Les nouveaux venus d'Afrique du Nord se regroupent principalement à l'est, dans les " cantonnements " Duplessis-Deville et aux 56-58 de la rue de Chavassieux et à l'ouest au bas de la rue Champrond [...] où s'esquisse une telle concentration que cet espace est déjà localement appelé la *medina,* toute proche, il est vrai, du cimetière musulman de Saint-Étienne » [2].

Le glissement vers les HLM, peu souhaité par les occupants ouvriers et les représentants de la classe moyenne française, limité par les procédures d'admission, est ralenti, mais peut atteindre dans certains cas 15 % des ménages logés.

---

1. A. VANT, *op. cit.,* p. 529.
2. *Ibid.,* p. 535.

Grenoble, avant-poste du Midi

Sur les quelque 100 000 étrangers recensés en 1982 dans le département de l'Isère, la moitié réside dans l'agglomération de Grenoble et un peu moins du quart dans la ville même, soit respectivement 10,3 %, 12,5 %, et 13,1 % de la population. Les Maghrébins sont actuellement les plus nombreux, près de 40 000 dans le département, dont un peu plus de 26 000 Algériens. La proportion est sensiblement la même aux différentes échelles du département, de l'agglomération et de la ville de Grenoble (autour de 40 % des étrangers), la répartition entre Algériens, Marocains et Tunisiens est également une constante dans la proportion de 68 %, 14,5 % et 17,5 % de l'ensemble des Maghrébins.

Le second rang échappe ici aux Portugais (15 % des étrangers du département, 10 % de ceux de l'agglomération de Grenoble). Il est tenu par la vieille immigration italienne, 20 % dans la ville. Dans la mesure où la communauté italienne, dominante au début du siècle, a été progressivement assimilée et s'est élevée dans la hiérarchie professionnelle et sociale, elle a cédé la place dans ses habitats initiaux aux Maghrébins.

L'histoire de l'immigration à Grenoble est exemplaire de celle de l'immigration dans tout le sud-est de la France. Elle est facile à reconstituer grâce aux analyses de Raoul Blanchard pour la période précédant la Seconde Guerre mondiale. Première observation qui peut surprendre : la proportion d'étrangers par rapport à la population totale était très supérieure à la proportion actuelle, 18 % de la population communale en 1931. On notera ensuite la très grande diversité nationale de cette population étrangère : 54 nationalités, dont quelques-unes, il est vrai, représentées seulement par quelques unités, souvent des étudiants ou des techniciens de l'industrie et du commerce, mais aussi des réfugiés d'Europe orientale. Pour 85 %, il s'agit de Méditerranéens, surtout des Italiens et, beaucoup moins nombreux, des Espagnols. Raoul Blanchard ne comptabilise pas les « Français musulmans » du recensement, qui ne sont que quelques milliers employés dans l'industrie chimique et le bâtiment. Au total, un peu plus de 20 000 personnes dont 18 634 « étrangers » et plus de 20 % de la population totale,

Maghrébins compris. A l'époque, la population étrangère est perçue essentiellement comme une population italienne. « Les premiers sont venus du Piémont, mais les nouveaux contingents sont originaires de Vénétie, Toscane, Latium, Campanie, et surtout des provinces méridionales. Il est remarquable que le tiers du total soit fourni par la Pouille et particulièrement par le gros centre rural de Corato, où sont nés 2 500 des habitants actuels de l'agglomération grenobloise : un lien aussi étroit paraît s'expliquer par l'existence dans la ville de la Pouille d'un marché fort achalandé de peaux de chevreaux qui en a fait de bonne heure un fournisseur de la ganterie. Enfin, la Sicile tient encore une place éminente ; le centre de l'île a envoyé plus de 1 000 personnes, dont 800, en bloc, du bourg de Sommatino » [1].

Le plus frappant, pour qui lit successivement Raoul Blanchard et les descriptions plus récentes de la ville est de constater la permanence des quartiers de concentration des étrangers, mais le remplacement de l'ancienne population à dominante italienne par la nouvelle vague qui est maghrébine. Premier exemple, le quartier de la rive droite de l'Isère, Saint-Laurent, jusqu'à l'entrée de La Tronche : « L'aspect est celui d'une bourgade à demi-perchée de Provence, avec de hautes maisons serrées à quatre étages sous les toits plats de tuiles décolorées [...]. Le grouillement de population n'y est pas moins de type méridional [...]. Mille habitants du quartier sont nés dans la lointaine province italienne (la Pouille) [...] ; les trois montées qui escaladent Chalemont de leurs gradins contournés évoquent avec les hautes maisons, les hordes d'enfants, les étendards de lessive flottant en l'air, les ruelles des cités méditerranéennes » [2]. Second exemple, celui du quartier Très Cloître. « Dans les ruelles proches de l'Isère, les Italiens de Pouille sont plus nombreux que les autochtones [...]. Comme la rive droite, le quartier Très Cloître est un réservoir de main-d'œuvre industrielle entassée dans des locaux qu'ont abandonnés leurs anciens habitants » [3], et Raoul Blanchard évoque les petits

---

1. Raoul BLANCHARD, *Les Alpes occidentales,* t. II, Grenoble, Arthaud, 1941, p. 644.
2. *Ibid.,* p. 645.
3. *Ibid.,* p. 646.

commerces créés par et pour les immigrés avec leurs produits spécifiques et leur couleur locale.

Cinquante ans après, les mêmes quartiers sont décrits par N. Boumaza[1] : « Les rues commerçantes des vieux quartiers, notamment les rues Très Cloître, Brocherie et Chenoise, constituent le noyau le plus fort, le plus ancien, le plus intégré aux autres segments de la vie sociale maghrébine et algérienne. La diversité des commerces permanents qui assurent l'approvisionnement alimentaire, les services quotidiens alimentaires ou de rencontre (restaurants, débits de boisson, garnis), d'hygiène (coiffeurs), ainsi que la distribution de produits spécifiques (tissus et vêtements féminins « traditionnels », disques et cassettes...), est complétée par la tenue régulière d'un marché de fripes et de bricoles rue Très Cloître, les samedis et dimanches matin »[2] ou « Le quartier Saint-Bruno organisé autour d'un marché quotidien de confection (déballages de fripes et démarques) est fréquenté par une importante clientèle immigrée [...] et connaît une pénétration progressive et relativement récente (année 1970) de commerçants maghrébins à clientèle diversifiée (une boucherie, une épicerie orientale, quelques forains et bars) »[3].

C'est un peu un paradoxe de Grenoble, comme de Marseille, d'associer un dynamisme exceptionnel de la construction d'établissements fonctionnels et de quartiers d'habitation – qui a attiré la main-d'œuvre immigrée – à la lenteur de la rénovation des quartiers archaïques tombés au niveau le plus misérable des campements tel qu'il est décrit par Dominique Dubreuil en 1968 : « Rue Très Cloître et ailleurs, des travailleurs sont entassés dans des chambres où les lits se touchent tous ; il n'y a de place pour aucun meuble, même pas une chaise ; souvent, les affaires personnelles sont sous le lit [...] à condition d'en avoir un : des enquêtes révèlent en effet ici ou là 8 lits pour 9, 5 lits pour 6, 3 lits pour 5. Il arrive même, quand on fait équipe, qu'on se relaie dans le même lit [...]. On signale dans ce quartier un WC pour 50 personnes »[4].

---

1. N. Boumaza, « Les Algériens dans l'agglomération grenobloise », *Espace, Population, Société*, 1983, II, Lille, 1983, pp. 49-55.
2. *Ibid.*, p. 50.
3. *Ibid.*, p. 51.
4. Dominique Dubreuil, *Grenoble ville test*, Paris, Le Seuil, 1968, p. 59.

Si la proportion des étrangers a diminué, entre 1931 et 1982, de 20 % à 13,1 % dans la ville, leur nombre absolu a considérablement augmenté, ce qui explique les phénomènes d'entassement qui viennent d'être décrits. Les comparaisons sont difficiles du fait de la modification des unités de comptage et avant tout des limites de l'agglomération. Mais il est évident que les grands chantiers de travaux publics et de construction des centres de recherche, des nouveaux établissements industriels, des installations des Jeux olympiques d'hiver de 1968, des cités d'habitation en HLM et des quartiers résidentiels, outre les constructions de l'université, ont multiplié, jusqu'en 1975 au moins, les emplois de faible qualification qui ont fixé un grand nombre d'étrangers non seulement dans la ville, mais dans l'agglomération telle qu'elle s'est constituée par l'urbanisation des communes rurales périphériques, comme Saint-Martin-d'Hères ou Échirolles.

Si les vieux quartiers concentrent encore, dans leur décor pittoresque et misérable d'exotisme de pauvres, 40 % des étrangers de l'agglomération, les autres occupent divers noyaux de la banlieue suivant les processus classiques de l'infiltration initiale dans un complexe d'habitat social et de croissance progressive par élimination partielle de la population nationale qui supporte mal la promiscuité avec une collectivité étrangère dans son milieu d'habitat et dans son univers social.

L'installation peut être directe, encore qu'elle puisse impliquer sur place une première étape d'habitat provisoire en baraquements, mais elle est souvent le point d'aboutissement d'un itinéraire classique dont la première étape est le vieux quartier, abordé par l'homme seul venu en éclaireur, l'habitat périphérique étant gagné dans une seconde étape accompagnant souvent le regroupement familial. Le cheminement est le même à Marseille.

Les vallées alpines

Les vallées alpines, qui avaient subi les effets d'un premier exode au cours de la deuxième moitié du XIXe siècle, se sont brusquement trouvées en situation de sous-peuplement lors de la première phase d'équipement hydroélectrique de la montagne qui associait matériellement, dans les mêmes lieux ou dans des lieux très voisins, la production du courant électrique et les industries qui l'utilisaient (soit directement : l'électrométallurgie, essentiellement la production de l'aluminium, l'électrochimie, soit comme source d'énergie, petite mécanique, industrie du papier, etc.). Les chantiers d'abord, puis la construction des usines et, finalement, le fonctionnement du système industriel ont engendré un appel de main-d'œuvre. Les migrations intra-alpines ont été insuffisantes pour répondre aux besoins. « Lorsque je visitais ces usines de Maurienne en mai 1924 », écrivait un peu plus tard Raoul Blanchard, « 14 établissements occupaient 2 297 personnes réparties entre 1 360 étrangers (60 %) et 937 Français [...], à Calypso, 226 étrangers pour 85 Français, aux Plans 300 contre 100, à Montricher 250 contre 50 »[1]. Beaucoup étaient des saisonniers italiens venus pour la période de plein rendement des systèmes chutes-usines en été, mais aussi « des Russes, des Polonais, des Portugais, des Nord-Africains [...] » déjà[2]. L'emploi des étrangers comme main-d'œuvre industrielle n'est donc pas une nouveauté. Il est d'autant plus spectaculaire qu'il associe, à la création de sites imposés par les conditions spécifiques de l'équipement de la montagne, des concentrations industrielles qui sont, en même temps, des concentrations de main-d'œuvre allogène littéralement parachutée dans un milieu traditionnel perturbé par l'émigration des autochtones vers des régions de vie moins rude, et notamment vers les villes de l'avant-pays.

Petit à petit, ce qui était commun dans les vallées intérieures, Tarentaise, Maurienne, s'est étendu au sillon alpin et aux cluses savoyardes, toujours sous forme d'agrégats locaux d'usines et de cités ouvrières à forte proportion, parfois à prédominance, d'éléments étrangers, naguère italiens, espagnols, mais déjà très diversifiés, aujourd'hui surtout maghrébins : plus de 40 000 étrangers dans les vallées savoyardes, 13 000 Maghrébins, plus de 2 000 Turcs, 11 000 Italiens encore, malgré l'acquisition de la nationalité française par la jeune génération née dans le pays, et, en dehors de petits groupes d'Espagnols et de Portugais qui ont peu pénétré dans cette région, 4 000 ressortissants de diverses nationalités venus des

---

1. Raoul BLANCHARD, *Les Alpes occidentales,* III, *Les Grandes Alpes françaises du Nord,* 2, Grenoble et Paris, 1943, p. 577.
2. *Ibid.,* p. 578.

pays les plus variés tenter leur chance sur les chantiers et dans les rudes travaux des usines de montagne.

Les hautes vallées ont perdu de leur intérêt industriel et se dépeuplent depuis plusieurs décennies, hormis les stations touristiques qui, à leur tour, emploient une main-d'œuvre étrangère qualifiée pour les services qu'elles requièrent (parmi les Maghrébins, surtout des Tunisiens), en général d'origine très variée.

L'image des concentrations de main-d'œuvre industrielle s'est transférée dans le sillon alpin et les cluses préalpines où la population locale qui avait suffi aux industries, notamment à celles du décolletage, jusqu'à la Seconde Guerre mondiale, est aujourd'hui relayée par des concentrations d'immigrés.

Marseille et les grandes villes du Midi

La région marseillaise et, plus particulièrement, l'agglomération marseillaise, font figure, en dépit de quelques caractères propres à leur position par rapport au territoire national et à la Méditerranée, de modèle identique au modèle général de la France entière et des grandes agglomérations. Le pourcentage de population étrangère par rapport à la population départementale, 8,5 %, est conforme à la proportion des étrangers dans la population nationale ; il ne s'élève légèrement au-dessus que dans la ville de Marseille pour dépasser de peu 9 %. L'évolution du contenu est pratiquement conforme à celle que l'on a observée à Lyon, Grenoble ou même à Paris, à une exception près, c'est qu'ici le vieux fonds étranger italien a été remplacé presque exclusivement par des Maghrébins. Le flux portugais n'a pratiquement pas atteint les Bouches-du-Rhône (3,5 % de l'immigration seulement – moyenne nationale supérieure à 20 % –). L'occupation des lieux est la même que dans les grandes villes de la région Rhône-Alpes. Le premier ancrage s'effectue dans les vieux quartiers du centre-ville, la dissémination vers la périphérie se manifeste dans le deuxième temps de l'installation des immigrés, mais aboutit à de nouvelles concentrations, moins denses dans les quartiers et les banlieues voisines des usines ou du port, et les cités d'habitat social. Le noyau central devient centre commercial privilégié des immigrés et, de ce fait, lieu de regroupement périodique ou même quotidien d'une grande partie de la collectivité qui y effectue ses achats, y retrouve l'ambiance du pays d'origine et est certaine d'y bénéficier des services et de l'aide dont elle peut avoir besoin (médecins parlant l'arabe notamment). Il en résulte une sublimation du caractère exotique de ce noyau central, qui, pour l'essentiel, se confond avec la ville historique et, par voie de conséquence, une cristallisation de l'image de l'immigration de plus en plus mal supportée par une partie de la population traditionnelle, y compris celle qui est originaire des vagues précédentes d'immigration.

L'immigration actuelle, avec ses 8 à 9 % d'étrangers, est beaucoup plus légère que celle du début du siècle : on comptait, à la veille de la Première Guerre mondiale, 20 % d'Italiens et des contingents notables d'Arméniens, de Grecs et d'Espagnols, déjà également des Algériens recensés comme « Français musulmans ». Le centre de Marseille ne différait guère de celui des ports italiens. « Les Italiens sont partout présents, sur le port, dans pratiquement toutes les industries, et, dans certains cas, ils ont un quasi-monopole de l'emploi [...]. Les quartiers proches du Vieux Port constituent toujours la zone de peuplement privilégiée. Mais la population italienne envahit toutes les zones industrielles en développement, notamment le long du port et du " grand chemin d'Aix ", jusqu'à Saint-Antoine et à l'Estaque, en direction du Nord. »[1] En 1911, les Italiens sont près de 100 000 sur une population urbaine d'un demi-million d'habitants.

Après un arrêt de l'immigration et des retours au moment de la Première Guerre mondiale, l'apport italien reparaît entre les deux guerres. En 1931, sur 200 000 étrangers, *25 % de la population totale*, les Italiens sont 125 000, toujours suivis par les Espagnols dont la masse grossit, en 1939, par l'afflux des réfugiés de la guerre civile, les Grecs, les Levantins, les Arméniens. Les Algériens ne sont officiellement que quelques milliers. L'afflux se calme du fait de la crise, puis de la guerre. Une partie des Italiens retourne en Italie, les réfugiés espagnols se dispersent, les naturalisations et l'acquisition légale de la nationalité française par les jeunes gens à l'âge du service

---

1. Emile TÉMIME, « Marseille, ville de migrations », *Vingtième siècle, revue d'Histoire*, numéro spécial, juillet-septembre 1985, p. 41.

militaire, puis par mariage pour les filles, réduisent progressivement la masse légale des immigrés d'hier devenus, pour une part, les Marseillais du jour.

La période contemporaine est l'époque du paradoxe. *Jamais, depuis longtemps, trois générations au moins, il n'y avait eu si peu d'étrangers par rapport à la population totale,* si peu même en nombre absolu. Et *jamais la présence étrangère n'a été aussi ressentie* et n'a posé autant de problèmes : 81 000 étrangers recensés dans la ville, un peu moins de 100 000 dans l'agglomération, la moitié du nombre des étrangers en 1931, dans une agglomération dont la population était bien inférieure. Même si l'on admet que le recensement n'a pas atteint tous les ressortissants étrangers, on reste loin du chiffre de 200 000 qui était celui de 1931. Mais le contenu ethno-culturel est différent. Les Méditerranéens européens des années 1930 étaient presque tous de la même famille linguistique – Grecs et Levantins exclus, mais minoritaires –, de la même Église, de la même culture. Seuls, les Arméniens formaient un petit groupe à part, mais leur sort de réfugiés les contraignait à la discrétion. Toute arrivée d'un contingent nouveau a toujours engendré la méfiance, voire l'hostilité de la population préalablement installée, quelle que soit son origine. Mais le *melting pot* marseillais a bien fonctionné jusqu'à la Seconde Guerre mondiale et à la décennie 1960.

La charnière de la décennie 1960 n'est pas seulement un changement *quantitatif*, sous forme d'une nouvelle vague migratoire, et *qualitatif*, la substitution d'une collectivité ethnoculturelle à une autre, en d'autres termes l'arrivée presque exclusive de Maghrébins, ressortissants des trois nationalités algérienne, marocaine et tunisienne. Elle s'identifie à un transfert de crise de relations. Simultanément, la région Provence-Côte d'Azur, et en particulier l'agglomération marseillaise, celle d'Aix-en-Provence également, reçoivent plusieurs centaines de milliers de *rapatriés d'Algérie*, quelques milliers de *harkis*, en transit ou en séjour plus ou moins long, et une centaine de milliers de travailleurs maghrébins appelés par les chantiers des travaux publics et du bâtiment, la construction du complexe portuaire et industriel de Fos. En 1962, avant la signature des Accords d'Evian, il n'y avait pas 25 000 Maghrébins dans le département des Bouches-du-Rhône ; en 1975, ils sont 75 000, en 1982, tout près de 100 000[1] peut-être plus suivant l'importance de l'infiltration des clandestins dans une région et une ville où le passif de la guerre d'Algérie et de l'exode pèse sur la conscience collective. Dans ces conditions, il n'est pas surprenant que Marseille soit un point chaud des relations entre les immigrés et un environnement lui-même hétérogène où s'associent le vieux fonds plurinational marseillais et l'apport « pied noir ».

Qui plus est, l'image de l'immigration allogène s'impose plus qu'ailleurs, plus même qu'à Grenoble, ne serait-ce qu'en raison de la forme spectaculaire de l'occupation du centre-ville. Les Maghrébins n'ont fait pourtant que prendre la place laissée par la promotion des Italiens, mais le quartier « arabe » fait plus figure de ghetto que le quartier italien qu'il était vingt ans plus tôt. Il s'agit essentiellement des vieux îlots enveloppant le Vieux Port au nord et à l'est, du côté droit de la Cannebière en descendant vers la mer, entre la gare Saint-Charles et l'Hôtel de Ville autour du quartier de la Bourse et de la zone reconstruite après la destruction des vieux quartiers du Port par les Allemands pendant la guerre, entre Cours Belsunce et Hôtel de Ville. Dans le langage courant, on parle du quartier de la Porte d'Aix que d'aucuns qualifient de *kasbah* ou de *medina*, et de celui du Panier au-dessus de l'église des Accoules, autour de la Charité. L'un et l'autre, compris dans les plans de rénovation, ne bénéficient donc plus d'aucune opération d'entretien des maisons et de travaux de voirie, à l'exception de l'entretien le plus élémentaire. Leur population traditionnelle, issue des migrations précédentes, est partie ou a vieilli sur place ; elle est remplacée, comme dans le quartier Très Cloître à Grenoble, par les Maghrébins qui ont substitué leurs commerces propres aux boutiques italiennes ou grecques, qui envahissent la rue parce que les logements sont trop petits et inhospitaliers, et aussi parce que c'est une des formes de la vie des villes méditerranéennes. Ils constituent un ghetto où ils souhaitent échapper à la curiosité et au contrôle de l'extérieur, où le Marseillais se sent étranger. Et comme la place manque, tant pour le logement que pour la chalandise,

---

1. Dont un tiers né sur le territoire métropolitain.

le quartier déborde. Il est venu jusqu'au côté nord du Cours Belsunce devenu le grand souk de Marseille. Petit à petit, la « frontière » de la Cannebière est franchie vers le sud, en direction des beaux quartiers de la rue de Rome, et le Cours Belsunce vers l'ouest, à la lisière de la zone reconstruite du quartier de la Bourse. Les équilibres théoriques des urbanistes entre les quartiers condamnés à la démolition et les quartiers nobles sont remis en question et, plus que le franchissement d'un seuil quantitatif, le dépassement de ce seuil de délimitation de l'espace urbain est porteur d'effets passionnels.

Pourtant, ce n'est pas dans ce sens que se fait la redistribution de l'habitat des immigrés. Il s'agit seulement d'un épiphénomène commercial qui touche, plus encore que l'occupation des immeubles, l'image et la sensibilité de l'environnement. Comme tout quartier délabré de conditions d'occupation lamentables, le centre-ville en attente de rénovation est une triste étape dans le grand voyage des immigrés. Les quartiers centraux sont, au point de vue résidentiel et en dépit des apparences offertes par la clientèle des commerces intégrés, des quartiers à dominante d'hommes seuls ou de ménages récemment reconstitués. Tout regroupement familial s'accompagne du désir de leur échapper avec la double intention de disposer de meilleures conditions de vie familiale et d'« entrer dans la ville », c'est-à-dire de sortir du ghetto et d'aller au devant des « autres ».

Le quartier central n'est pas la seule forme d'« atterrissage » de l'immigré, et spécialement de l'immigré nord-africain à Marseille. Les bidonvilles et habitats assimilés étaient encore, au cours de la décennie 1970, lieux d'« accueil » pour 10 000 Maghrébins au moins, plus que la population officielle des quartiers de la Porte d'Aix et du Panier. Bidonvilles et cités de transit, comme la cité Bassens, en bordure de la voie ferrée au nord du port et des usines, souvent prise comme exemple d'habitat de misère ou de ségrégation, ne constituent, par définition – et par intention – qu'un habitat provisoire où ne s'attardent que les plus malchanceux. L'établissement dans la ville et la société urbaine se fait au niveau de la cité d'« Habitations à loyers modérés » (HLM) au prorata d'une politique de choix d'implantation de la part des organismes de construction et d'attribution des logements (en l'espèce SONA-COTRA-LOGIREM). Les idées directrices sont, d'une part, le logement à proximité des lieux de travail, donc dans le XIVe et le XVe arrondissement de la ville, en arrière du port et de la zone industrielle qui lui est associée et dans les banlieues desservies par les voies ferrées et les autoroutes, en direction du nord, d'autre part le mixage des attributions de logement à des immigrés et à des nationaux (théoriquement 15 % de logements réservés pour des étrangers, en fait généralement davantage, pour répondre aux urgences de la décennie 1970). Les difficultés de la cohabitation engendrent des effets d'exode isolant progressivement les familles maghrébines dans des ensembles résidentiels et fonctionnels (commerce, écoles) assimilés à de nouveaux ghettos qui n'ont comme avantage, par rapport aux vieux quartiers centraux, que d'offrir des conditions de logement et d'environnement plus acceptables (*fig. 19*).

L'agglomération d'*Aix-en-Provence* possède une colonie maghrébine de près de 6 000 personnes sur 10 000 étrangers (environ 800 Italiens, 650 Espagnols et seulement 332 Portugais...), presque entièrement rassemblée dans la ville même (5 500). Une fois encore, le schéma classique de l'installation dans les immeubles condamnés des vieilles rues du centre-ville, délaissées par les Italiens et les Espagnols et, par voie de conséquence, une image dont l'impact est plus important que la réalité de la présence de cette minorité de 5 % à peine de la population totale.

L'immigration est également traditionnelle dans le *Comtat-Venaissin*. Ici, elle reste liée à une activité agricole et para-agricole dispersée dans les noyaux d'activité que sont les petites villes et les gros bourgs de la campagne. Dans l'ensemble, le taux de présence des étrangers est voisin de la moyenne nationale, 8,2 %, et il est le même dans l'agglomération d'Avignon et dans le département. Mais la répartition des nationalités n'est pas identique. Les Italiens qui représentaient naguère, comme dans tout le sud-est de la France, l'apport extérieur principal, se sont fondus dans la population locale ; l'apport récent d'origine italienne est à peine le dixième de la population étrangère. L'essentiel est constitué par les Maghrébins et, subsidiairement, par les Espagnols, respectivement 50 % et 27 %. Si, à Avignon, Algériens, Marocains et Espagnols constituent chacun un quart des étrangers, dans le

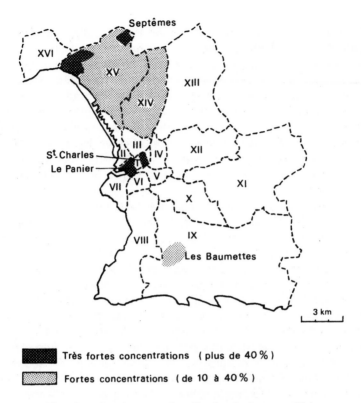

Très fortes concentrations (plus de 40 %)

Fortes concentrations (de 10 à 40 %)

Fig. 19. – Les étrangers dans l'agglomération marseillaise.
(Source : Pierre GEORGE, « Les étrangers en France,
étude géographique », *Annales de Géographie*, n° 529,
mai-juin 1986, pp. 273-300)

reste du département, Marocains et Espagnols prennent nettement le dessus avec respectivement 24 et 29 %, tandis que les Italiens ne sont plus qu'un peu plus de 20 % et les Algériens 10 % de tous les étrangers. La répartition professionnelle éclaire sur les facteurs de cette distribution nationale : la moitié des Marocains actifs de sexe masculin sont employés dans l'agriculture, et la majeure partie des Espagnols dans l'ensemble des chaînes agro-alimentaires, y compris le secteur commercial et les transports. Les Portugais n'ont pas été attirés par un marché du travail déjà occupé.

Les agglomérations urbaines et industrielles du *Var* ont une structure d'immigration semblable à celle de Marseille : plus

115

des deux tiers des étrangers sont des Nord-Africains ; les Portugais n'interviennent que pour une part infime, l'afflux récent d'Italiens figurant toujours au titre d'étrangers est faible. Le fait original est ici la place tenue par les Tunisiens dans la population maghrébine, plus de 40 % des Nord-Africains dans l'agglomération de Toulon, 36 % dans l'ensemble du département. Au total, la présence des immigrés est nettement moins sensible qu'à Marseille, même si l'on observe les mêmes faits de concentration dans la ville. Il n'y a au total que 8 % d'étrangers dans la ville de Toulon et 5,5 % de Nord-Africains.

La proximité de la frontière maintient dans les *Alpes-Maritimes* une modeste présence italienne, 2,5 % de la population totale, beaucoup moins qu'entre les deux guerres mondiales. Les Italiens sont maintenant dépassés par les Nord-Africains, encore que ceux-ci ne soient pas très nombreux, en tout un peu moins de 4 % de la population totale et moins de la moitié de l'ensemble des étrangers. Comme dans le Var, la place des Tunisiens est exceptionnellement importante : 19 % de l'immigration dans le département, plus de 20 % dans l'agglomération de Grasse-Cannes-Antibes, toujours plus importante que celle que tient l'immigration algérienne qui vient en seconde position des Nord-Africains, devant l'immigration marocaine, presque équivalente aujourd'hui à l'immigration italienne. La plus forte concentration d'étrangers est enregistrée dans l'agglomération de Grasse-Cannes-Antibes, 11,2 % de la population totale, pour moins de moitié d'origine nord-africaine, pour près d'un quart italienne. La ville de Nice, avec 8,5 % d'étrangers dont les trois quarts sont des travailleurs immigrés, ne fait plus figure de lieu de séjour international. *En dehors des Maghrébins, des Italiens, des Espagnols et des Portugais, les étrangers n'y dépassent pas 5 000 à 6 000 personnes, sur 336 000 habitants.*

En conclusion, le sud-est français, de Grenoble à Marseille et à Nice, offre une image originale de l'impact de l'immigration sur le territoire national et sur sa population. L'effacement de la forte poussée italienne a laissé la place, depuis un quart de siècle, à l'immigration nord-africaine, mais celle-ci n'a jamais atteint l'importance numérique de l'immigration italienne, aujourd'hui résorbée par l'assimilation plus que par les retours. Et pourtant, elle fait l'objet de réactions plus vives avec moins de 10 % d'étrangers et environ 5 % de Maghrébins à Marseille, que l'immigration italienne avec 20 % de la population du département des Bouches-du-Rhône entre les deux guerres. Il s'agit évidemment de la réaction à l'égard des *différences* qui se sont substituées aux *ressemblances*, des réminiscences d'autres formes de rapports de la part des rapatriés d'Afrique du Nord. L'écho des effets psychologiques et sociaux d'une coexistence mal vécue de part et d'autre déborde dans des proportions dépourvues de toute commune mesure de l'espace réellement occupé et concerné par la présence des collectivités d'immigrés. Il est vrai que leur concentration contribue à engendrer l'image du ghetto proliférant qui est ensuite projetée sur un espace imaginaire abstrait.

Le *Midi viticole* est traditionnellement pays d'immigration espagnole, répondant saisonnièrement ou en permanence aux besoins de main-d'œuvre du vignoble, taille, sulfatages, vendange, entretien général. Les Italiens venaient en second rang, employés pour partie dans les entreprises du bâtiment. Il en fut ainsi jusqu'à la Seconde Guerre mondiale. Les transformations techniques des travaux agricoles de plus en plus mécanisés ont réduit considérablement la demande de main-d'œuvre immédiatement disponible pour le vignoble, tandis que le développement considérable des villes, surtout de Montpellier, et l'équipement touristique de la côte, puis ensuite l'implantation de nouvelles activités industrielles et para-industrielles (recherche) provoquent un afflux de population et, par voie de conséquence, une demande de travaux et de services fournis habituellement par des travailleurs immigrés. Les Espagnols restent les plus nombreux des Européens, bien que la plupart de ceux qui étaient venus avant la guerre soient aujourd'hui assimilés, près d'un tiers des étrangers. Ils constituent même les deux tiers de la population étrangère dans le département frontalier des Pyrénées-Orientales. Ils sont demeurés plus ruraux qu'urbains, disséminés dans les bourgades du vignoble et les petites villes, présents partout, mais, sur un peu moins de 30 000 dans le Gard et l'Hérault, 6 000 seulement sont recensés dans les agglomérations de Nîmes et de Montpellier. Pourtant, dans les travaux agricoles d'aujourd'hui, ils sont remplacés en partie par des Marocains, inconnus dans la région il y a vingt ans, et qui y sont maintenant plus de 20 000 dont 15 000 dans les départements du Gard et de l'Hérault ; un tiers des actifs sont des ouvriers agricoles, le reste travaille sur des chantiers divers comme ouvriers non qualifiés. Situation exceptionnelle, les Marocains sont plus nombreux que les Algériens, venus plus tôt, mais dont l'effectif s'est stabilisé depuis au moins dix ans.

Du fait des grands travaux qui y sont accomplis depuis vingt ans et de l'installation de multiples établissements industriels à Montpellier, la ville, qui n'avait connu, jusqu'à la Seconde Guerre mondiale, que les retombées de l'immigration d'ouvriers agricoles et d'ouvriers du bâtiment espagnols et italiens, a reçu, comme toute ville en développement, un apport migratoire extérieur important. Le pourcentage d'étrangers y est nettement supérieur à la moyenne nationale, 8,5 % dans l'agglomération, 9 % dans la ville même, mais la majorité reste aux Européens, 54 % dans l'agglomération, 52 % dans la ville. Compte tenu de sa composition d'éléments méditerranéens, l'immigration européenne passe inaperçue dans la société urbaine. Les seuls étrangers sur le plan sociologique, au voisinage desquels d'ailleurs les Français originaires d'Algérie, nombreux dans le Midi languedocien, sont habitués, sont quelques milliers de Nord-Africains, 3,5 % de la population totale qui ne forment que de petits agrégats discrets et d'aspect quelque peu folklorique.

Le *Sud-Ouest* est, traditionnellement, une région d'appel d'ouvriers agricoles parce qu'il conserve ses cultures semi-maraîchères et fruitières à gros emploi saisonnier, sinon permanent, de main-d'œuvre, sans retenir sa population rurale. Il a absorbé l'immigration italienne des années 1920-1930 et utilise aujourd'hui un petit nombre d'ouvriers agricoles marocains. Mais, sur moins de 250 000 étrangers recensés, en 1982, dans les deux régions d'Aquitaine et du Midi-Pyrénées, près de la moitié est concentrée dans les deux métropoles de Toulouse et de Bordeaux et dans les petits centres industriels du Tarn. Image classique de la répartition des étrangers, mais qui échappe ici au modèle de distribution par nationalités commun à presque tout l'ensemble de la France. Les Européens gardent la majorité en Haute-Garonne (53 %) et en approchent dans l'agglomération toulousaine (45 %), tandis que les Maghrébins n'y représentent respectivement que 33 % et 38 % de la population étrangère. Un quart des étrangers sont ici des Espagnols qui y sont plus nombreux que les Portugais, beaucoup plus récemment arrivés, mais fortement implantés dans les Pyrénées-Atlantiques. L'immigration reste discrète, tant à Bordeaux qu'à Toulouse, avec des contingents de Maghrébins inférieurs à 3 % de la population totale, les autres apports étrangers, composés d'Italiens, d'Espagnols, et de Portugais se confondant avec la population régionale.

Le reflux des régions industrielles en crise : l'Est et le Nord

Une petite région industrielle assure le relais entre la région lyonnaise et l'Est industriel, celle de la Porte de Bourgogne et d'Alsace, la partie française de ce que certains auteurs ont appelé *regio basiliensis*, comprenant le sud du département du Haut-Rhin, principalement l'agglomération de Mulhouse, le territoire de Belfort, et, dans le département du Doubs, la région de Montbéliard : approximativement 500 000 habitants dont la majeure partie vit des industries métallurgiques et mécaniques, des industries textiles et des activités induites. On y a dénombré, en 1982, 70 000 étrangers, soit un pourcentage de 14 % qui est le plus élevé de France pour une région mixte urbaine et rurale, où la plus grosse agglomération dépasse de peu 200 000 habitants. L'effectif de population étrangère a quadruplé depuis la fin de la Seconde Guerre mondiale en rapport avec l'essor de l'industrie dans les deux premières décennies qui lui ont succédé. Originairement, l'immigration était plus un phénomène frontalier qu'un phénomène économique. La Porte de Bourgogne et d'Alsace était une des entrées de la France pour des émigrés venus en particulier d'Europe centrale et orientale. Ils s'intégraient dans les activités locales ou repartaient plus loin. L'immigration du travail a débuté entre les deux guerres avec la classique infiltration des Italiens dans les entreprises du bâtiment. Elle devient immigration de main-d'œuvre industrielle après la Seconde Guerre mondiale. Les Italiens sont encore nombreux dans le Haut-Rhin (13 000), pour moitié dans l'agglomération de Mulhouse. Les Portugais ont fait une apparition discrète (6 000 environ), mais le gros apport est composé de Nord-Africains et de

Turcs, venus par l'Allemagne : plus de 13 000 Algériens, 10 000 Marocains, 2 000 Tunisiens et plus de 15 000 Turcs en 1982.

Les entreprises offrant massivement des emplois sont en nombre limité : les plus grands groupes, *Peugeot, Alsthom, Japy, Bull* pèsent directement sur le marché d'emploi et en sont, en fait, les régulateurs, tant par leur capacité propre d'embauche que par leurs commandes à des sous-traitants. Toute récession, toute mutation technique dans les activités de l'un d'eux a immédiatement des répercussions sur le marché du travail. Depuis le dernier recensement qui créditait la région de 70 000 étrangers dont environ 30 000 actifs, les suppressions d'emploi et la distribution d'aides au retour ont exercé une pression dissuasive sur le milieu immigré, surtout dans la région de Montbéliard. On a enregistré 6 000 départs, soit le quart de la population immigrée, la moitié des Turcs et des Algériens, la collectivité marocaine ayant mieux résisté que les autres à l'exode. Moins radicale, la politique de réduction d'emplois à Belfort et à Mulhouse a contribué à ramener l'effectif d'immigrés de la région au-dessous de 60 000, et vidé en partie les quartiers qu'ils habitaient, non plus tellement les bidonvilles résorbés, dès la décennie 1970, par une politique de construction de logements ouvriers, mais ces mêmes immeubles sociaux.

La Lorraine

Moins visible, parce que plus diffuse, l'évolution est comparable dans les régions sidérurgiques et minières de la Lorraine. Ici, l'histoire contemporaine de l'immigration commence avec la restructuration du système industriel après réunification du territoire en 1918, donc d'abord entre les deux guerres, puis surtout à partir de 1945. La grande illusion d'un destin à long terme d'une industrie de base, fondée sur le charbon et la carbochimie d'une part, sur la production du minerai de fer, la production de l'acier et les produits laminés d'autre part, a suscité une politique d'investissements générateurs d'emploi, au moins dans la première phase, dans une région dont la population rurale éprouvée par un exode permanent ne pouvait assurer la couverture. Le processus est classique : la première phase est celle de l'immigration italienne, en deux temps, de 1920 à 1930 d'abord, puis de 1945 à 1960, subsidiairement celle de l'immigration polonaise, mais beaucoup moins importante ici que dans le bassin houiller du Nord[1]. La seconde est celle de l'appel aux Nord-Africains, accessoirement aux Portugais. Les maxima sont enregistrés au recensement de 1962, tout près de 200 000 étrangers dans les deux départements de la Moselle et de Meurthe-et-Moselle, 205 000 dans l'ensemble de la région lorraine. La crise permanente et progressivement généralisée de la sidérurgie, les opérations de concentration technique et structurelle s'accompagnent d'importantes réductions du nombre des emplois, notamment des emplois de travailleurs non qualifiés assumés principalement par les immigrés. Les plus avisés partent les premiers : le nombre d'Italiens diminue, compte tenu, il est vrai, des acquisitions de la nationalité française par beaucoup d'entre eux, de plus de moitié en vingt ans (de 90 000 à 43 000 entre 1962 et 1982), celui des Espagnols, moins élevé, passe de 10 000 à moins de 6 000. En contrepartie, les effectifs de Nord-Africains ont continué à augmenter, pour les Algériens, jusqu'en 1975, pour les Marocains jusqu'en 1982. Les Algériens étaient 25 000 en 1962, 39 000 en 1982. Le seul afflux massif qui apparaît à contre-courant est celui des Marocains, 500 en 1962, 13 000 en 1982 et des Portugais, 2 000 en 1962, 14 000 en 1982. Mais le résultat global est une chute d'effectifs, de près de 200 000 à 150 000 avec un changement de composition ethno-culturelle. Il y avait, en 1962, environ 60 % d'Européens parmi les étrangers, en 1982 près de 60 % de Nord-Africains et de Turcs.

Etant donné qu'il s'agit d'une main-d'œuvre de mineurs et d'ouvriers de la sidérurgie, la localisation des immigrés se confond avec celle des grands établissements industriels, dont les directions ont très tôt pratiqué une politique de logement pour assurer la stabilité de leur personnel. L'habitat est un habitat de « villes de la sidérurgie », comme Auboué, Briey ou

---

1. Les Italiens sont nombreux dans les usines sidérurgiques dès le début du siècle et surtout dans l'entre-deux-guerres. Comme dans d'autres régions d'immigration, les Piémontais acquièrent plus vite que les « Méridionaux » une qualification qui leur assure une promotion sociale. Les premiers Algériens – alors de nationalité française – recrutés à Marseille apparaissent dès le début du siècle également. Ils se plaignent, en 1911, d'être brimés par les chefs d'équipe italiens... (voir S. BONNET, *L'Homme du fer*, Metz, SMES, 1975).

Longwy, et un habitat de cités où l'on a expérimenté tous les types de construction et de rassemblement des logements, cités-rues du type coron, cités de blocs et de barres en hauteur, cités-jardins. La vie associative y a réalisé ou ébauché des structures de vie collective qui ont consolidé les spécificités des collectivités plus qu'elles n'ont facilité l'intégration.

Les grandes villes qui constituent le système de la « métropole lorraine », Nancy-Metz-Thionville, comprennent relativement peu de population étrangère ; 6,5 % dans l'agglomération de Nancy, moins de 10 % dans celle de Metz, tandis que le complexe urbain et industriel de Briey – Hagondange en avait 17 % en 1982, l'agglomération de Thionville, plus engagée dans la zone industrielle, 15 % avec, dans chacune d'elles, un quart d'Algériens.

L'immigration est ici un fait de géographie industrielle plus que de géographie urbaine. Même les Italiens sont concentrés dans les cités de l'industrie, peu nombreux dans les métropoles, moins de 1 % dans l'agglomération de Nancy et de 2 % dans celle de Briey. Il est normal, dans ces conditions, que la courbe de présence des immigrés dans l'évolution générale de la population régionale suive de très près celle de l'emploi dans les grands ensembles industriels qui demeurent, jusqu'à présent, les formes dominantes de l'activité industrielle dans la région.

La région du Nord

La région du Nord, formée des deux départements du Nord et du Pas-de-Calais, est *la seule région industrielle française à avoir réalisé sa révolution industrielle à l'aide de sa propre population*. Au milieu, et encore à la fin du XIXe siècle, les campagnes du Nord avaient conservé une population rurale dense et féconde qui, pendant des décennies, a fourni aux mines et aux usines la main-d'œuvre dont elles avaient besoin. Tout juste faut-il préciser qu'à cet égard la frontière franco-belge n'était guère une limite pour le recrutement des travailleurs des industries du Nord. Toutefois, l'offre de main-d'œuvre sur le plan régional proprement français était telle que l'immigration d'ouvriers belges a, à plusieurs reprises, provoqué des réactions assez vives. Malgré la puissance de la révolution industrielle dans le triple domaine de l'exploitation et de l'utilisation du charbon, des industries des métaux et de la construction des machines – avec, de surcroît, le développement des industries textiles et du vêtement, sans parler des industries accessoires et des chantiers annexes dans le bâtiment et les travaux publics –, l'équilibre entre demande et offre d'emploi est maintenu dans le cadre régional jusqu'à la Première Guerre mondiale. Tout juste commence-t-on à signaler une certaine perte démographique dans les campagnes à la veille de 1914.

Après 1918, la population locale, qui conserve cependant un taux de fécondité des plus élevés en France, n'a plus suffi à répondre à la demande de main-d'œuvre dans une région dévastée, dont les ressources en charbon et les traditions industrielles faisaient un des points d'appui de la reconstruction générale de l'économie nationale. L'appel à des travailleurs étrangers, timidement énoncé à la veille de la guerre, devient une condition de la restauration du potentiel productif et de la modernisation des formes d'existence et de travail. La Belgique ne peut pas répondre suffisamment à la demande, et c'est alors l'époque de l'appel aux Polonais qui deviennent, en 1931, la première collectivité étrangère, un peu moins de 200 000 personnes, 50 % des étrangers recensés dans les deux départements. Les uns sont passés par les mines et les usines de Rhénanie, ont déjà l'expérience des travaux de la mine et des industries de base, les autres viennent directement des campagnes polonaises. Ils sont groupés essentiellement dans les cités ouvrières des charbonnages, dans le Pas-de-Calais et dans les arrondissements de Douai et de Valenciennes dans le département du Nord. Au moment où débute la crise des années 1930, on ne connaît encore que les Belges et les Polonais comme étrangers. Les Italiens sont à peine plus de 10 000, les Allemands, pour une part d'origine polonaise, moins de 10 000, les Maghrébins presque inconnus, 6 000 en tout, 0,2 % de la population totale.

La crise, puis la guerre, bouleversent à nouveau le marché de l'emploi et, une fois encore, il faut reconstruire, reconstituer les outils de travail, le réseau de transport, la distribution de l'énergie. Les sources de main-d'œuvre de l'entre-deux-guerres sont taries, une partie des Polonais avait été renvoyée lors de la crise. Beaucoup d'immigrants des années 1920-1930, restés en France, se sont dispersés au moment des exodes ou ont acquis la nationalité française. La nouvelle vague des années 1950-1960 est nord-africaine et, à un moindre degré, portugaise.

RÉPARTITION DES ÉTRANGERS DOMICILIÉS DANS LA RÉGION DU NORD ENTRE LES DIFFÉRENTES NATIONALITÉS (en %)

	1968	1975	1982
Algériens......................	28,5	29	31
Marocains.....................	8,6	10	17,5
Tunisiens......................	–	1,5	1,6
Portugais......................	20,6	12	10,5
Italiens	13,2	6,5	10
Belges........................	12,2	6	6
Polonais	5,7	1,9	2

La période de l'afflux migratoire dans l'ensemble de la France après la Seconde Guerre mondiale, et en particulier de la vague migratoire nord-africaine, a coïncidé ici avec le début de la grande crise de vieillissement de l'économie régionale, le démantèlement progressif des houillères, la réduction et la concentration de la sidérurgie, le malaise et les reconversions accompagnées de drastiques réductions d'emploi dans le textile. La région du Nord, bien que perdant sa fécondité traditionnelle, est devenue une région de départ avec un bilan migratoire négatif. Dans ces conditions, elle n'est plus région d'appel aux immigrés que pour quelques activités spécifiques. Si la proportion d'étrangers par rapport à la population de la région reste sensiblement constante de 1954 à 1982, autour de 5 %, donc inférieure à la moyenne nationale, celle des étrangers qui y résident par rapport à l'ensemble des étrangers dénombrés en France diminue constamment, un peu plus de 8 % en 1962, 7 % en 1968 6 % en 1975, un peu plus de 5 % en 1982. A cette date, il y a moins de 200 000 étrangers dans la région. Le département du Pas-de-Calais où ils avaient été appelés essentiellement par les houillères est déserté par l'immigration : 162 000 étrangers en 1931, près de 110 000 encore au sortir de la guerre, 76 000 en 1954, moins de 40 000 en 1982. Les houillères, qui avaient embauché des Italiens, des Marocains et des Algériens au moment de la « bataille du charbon » ont progressivement licencié. L'appel à l'immigration a cessé. Les

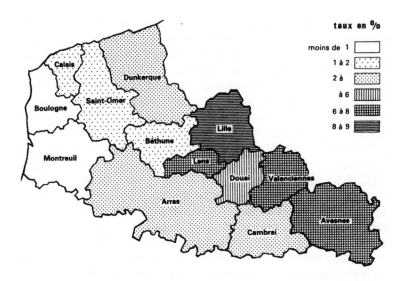

Fig. 20 – Les étrangers dans la région Nord-Pas-de-Calais en 1982
(par arrondissement).
(Source : d'après J. DEFRENNE, Service d'Etudes du SGAR, 1985)

effectifs d'Algériens n'ont pratiquement pas bougé de 1968 à 1982 malgré les regroupements familiaux qui s'accompagnent d'une modification de la structure par sexe et par âge. Seul le nombre des Marocains a doublé. La moitié des Portugais est repartie ailleurs. Les Polonais achèvent de se fondre dans la communauté nationale. En 1982, les Nord-Africains interviennent dans l'ensemble pour la moitié de l'effectif étranger, donc un peu moins de 100 000 au total. Portugais et Italiens, avec chacun 10 %, sont environ 20 000 de part et d'autre.

Tandis que jusqu'à la décennie 1960, la main-d'œuvre étrangère a été attirée par le travail des mines et des industries de première transformation, les immigrés se sont transférés, depuis une quinzaine d'années, vers les métiers différenciés et les services des grandes villes. Le bassin houiller du Pas-de-Calais s'est littéralement vidé de ses étrangers : moins de 25 000 dans les arrondissements de Lens et de Béthune. Celui du Nord a davantage gardé sa main-d'œuvre étrangère, 40 000 dans les deux arrondissements de Valenciennes et de Douai en 1982 (*fig. 20*).

En revanche, la moitié des immigrés du département du Nord et 40 % de ceux de la région Nord-Pas-de-Calais sont concentrés dans l'agglomération lilloise (100 000 dans l'arrondissement de Lille) (*fig. 21*). Celle-ci a reçu, en particulier, un fort apport récent de Marocains (12 000), près de la moitié de ceux qui ont été recensés, en 1982, dans le département et le tiers de ceux qui sont actuellement dans la région. Elle conserve un fort contingent algérien de près de 30 000 unités, les deux tiers des Algériens résidant dans le département, et a accueilli près des deux tiers des Portugais venus depuis vingt ans dans la région. En ville même, seuls les Nord-Africains représentent un groupe compact de population étrangère, 62 % des étrangers vivant dans la ville, près des deux tiers, l'autre tiers se répartissant entre un grand nombre de nationalités. Seuls les Portugais dépassent le seuil du millier, un dixième seulement du nombre des Maghrébins. Ces derniers occupent quelques « courées » des vieux quartiers ouvriers, notamment dans les quartiers sud de la ville, Wazemmes, Moulins, Esquerres. D'une manière générale, les concentrations d'étrangers de toutes nationalités à l'intérieur de la « conurbation lilloise » coïncident, comme dans les autres agglomérations tranformées par la « première révolution industrielle », avec les vieux quartiers ouvriers, à Roubaix (20 % de la population totale), à Wattrelos, à Hem, à un moindre degré à Tourcoing (15 %). Le reste de l'agglomération est en dehors du domaine de résidence et de vie quotidienne des immigrés, du moins de ceux dont la présence est la plus directement perceptible (*fig. 22*).

Dans la conurbation lilloise, où la présence d'une population étrangère était pratiquement inaperçue jusqu'à la Seconde Guerre mondiale, se sont constitués des agrégats d'immigrés au cours des dernières décennies, plus de 20 000 à Lille, autant à Roubaix, 13 000 à Tourcoing, près de 10 000 à Villeneuve-d'Ascq et Mons-en-Barœul. L'agglomération Roubaix-Tourcoing-Wattrelos avec Hem, Croix et Wasquehal en compte près de 50 000, plus de 15 % de la population totale. Ces étrangers sont pour moitié des Maghrébins qui vivent en collectivité dans des groupes d'immeubles. Les problèmes sociaux, y compris les problèmes de scolarisation des enfants, se trouvent concentrés dans un petit nombre de secteurs où

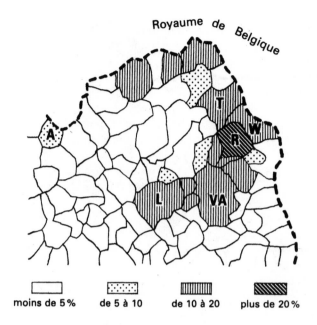

Fig. 21 – Les étrangers dans l'agglomération
de Lille-Roubaix-Tourcoing (en %).
(L : Lille ; V.A. : Villeneuve-d'Ascq ; R. : Roubaix ;
W. : Wattrelos ; T. : Tourcoing ; A. : Armentières)
(Source : d'après J. DEFRENNE, Service d'Etudes du SGAR, 1985)

les conditions d'intégration dans la société locale sont le plus mal assurées, et qui, de ce fait, constituent autant de « points chauds ». La répartition des immigrés qui, dans la région du Nord, se confondait avec celle des industries de main-d'œuvre les plus ingrates, se confond aujourd'hui avec celle des quartiers urbains en voie de rénovation, héritage périmé de l'époque industrielle précédente, avec les zones marginales des agglomérations, tout comme à Marseille, à Lyon ou dans la banlieue nord de Paris.

Il n'y a donc pas corrélation simple entre la présence, le nombre des immigrés et le caractère globalement industriel de chaque région. Les deux grandes régions industrielles qui ont assuré les bases matérielles et techniques de l'économie nationale jusqu'au milieu du siècle ont réalisé leur mission à l'aide de contributions démographiques différentes et d'un appel inégal et déphasé à l'immigration. L'Est, éprouvé par les guerres

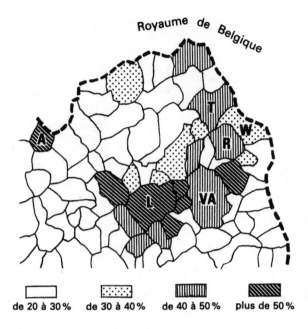

Fig. 22 – Les Maghrébins dans l'agglomération
de Lille-Roubaix-Tourcoing (en %).
(L : Lille ; V.A. : Villeneuve-d'Ascq ; R. : Roubaix ;
W. : Wattrelos ; T. : Tourcoing ; A. : Armentières)
(Source : d'après J. DEFRENNE, Service d'Etudes du SGAR, 1985)

et les changements de frontières, a bâti tardivement son
industrie pondéreuse à l'aide d'immigrés qui ont été, en grande
partie, des Italiens. A l'époque de la récession et des difficiles
reconversions industrielles, la région perd une partie de sa
population. Les immigrés d'hier cherchent à se recaser ailleurs,
leurs enfants quittent la région, l'effet d'appel a disparu. La
région du Nord, qui est la seule à être passée de l'économie
agricole à l'économie industrielle avec les seules ressources
de sa population jusqu'à la Première Guerre mondiale, a à
peine eu le temps de devenir zone d'immigration lors de la
reconstruction après la Seconde Guerre mondiale, avant le
début de la grande mutation technologique et économique qui
minimise le rôle de la main-d'œuvre, et tout spécialement de
celle que fournit l'immigration. C'est ailleurs qu'il faut chercher
les lieux d'observation de l'immigration et de ses effets induits
dans la société ambiante, et pas uniquement dans les régions
les plus anciennement et les plus traditionnellement industrielles,

en se demandant par ailleurs si l'on ne se trouve pas en présence d'une fin de cycle.

La région marseillaise, qui est au total peu industrialisée, présente les aspects les plus spectaculaires et les formes les plus critiques de séjour et d'habitat des immigrés, parce qu'elle est un point sensible de « rupture de charge » de la chaîne migratoire, encore que, de plus en plus, le transport aérien jusqu'aux aéroports les plus proches de la destination définitive remplace le transport maritime jusqu'à La Joliette. La région parisienne et la région lyonnaise, qui ont pu réaliser, sans trop de retard, les conversions successives de leur appareil de production, associent de manière constante, jusqu'à la montée récente du chômage, développement et mutations industrielles, ouverture de grands chantiers à l'emploi d'importants contingents d'immigrés. La diversité des structures se prête à une foule de formes de marginalisme de séjour et d'emploi clandestins qui exacerbent les critiques et les tensions. Ce sont des régions où la présence des immigrés est ressentie quotidiennement comme source de problèmes dans la vie économique et sociale. Pour des raisons multiples, cette présence se concrétise sous forme de ghettos, de zones et de points critiques, de contacts difficiles, mais elle est intégrée à l'imagerie de l'environnement urbain. De génération en génération, l'« étranger » est différent. Jusqu'à la Seconde Guerre mondiale, c'est avant tout l'Italien, dont l'image recouvre et masque celle des petites collectivités pourtant originairement plus anomales comme celles venues d'Europe centrale et orientale ou d'Arménie. Depuis trois décennies, l'étranger est le Nord-Africain, depuis moins de temps encore l'Africain noir, avec, aujourd'hui aussi, un effet de surimposition d'image globalisante qui éclipse des entrées cependant au moins aussi hétérogènes, comme celle des Asiatiques. C'est donc par rapport à lui que se cristallisent toutes les représentations et que s'expriment les prises de position de la population nationale. Et le fait nouveau est assurément qu'il s'agit de communautés qui portent un autre héritage historique, alors que les immigrants méditerranéens européens de l'entre-deux-guerres, et aussi les Polonais, appartenaient à la même famille culturelle.

5

L'ÉTRANGER DANS LA SOCIÉTÉ

Le « quotidien » et le « local »

Tout comptage à l'échelle d'une ville, même d'un quartier, est une mesure abstraite d'une réalité humaine d'ordre économique et social ou plus précisément socio-culturel. Le séjour de l'étranger dans la ville et ses relations avec les « autres » s'inscrivent dans un espace restreint, parfois composite, à l'intérieur duquel se déroulent, pour chacun, les différentes phases de la vie quotidienne. Cet espace est plus ou moins ouvert selon les aptitudes de l'étranger à communiquer avec le milieu extérieur.

Pour toute personne d'âge actif, le lieu de vie se décompose dans les sociétés et les structures urbaines modernes [1] en trois termes : le travail, le logement, l'acquisition des produits et denrées de première nécessité.

Le lieu de travail est déterminé par des opportunités qui échappent à l'intéressé et s'imposent à lui. Il peut être mobile dans le cas d'un grand nombre de travailleurs concernés, ceux des entreprises du bâtiment et des travaux publics. Il tend de toute façon à constituer un milieu en soi, distinct sinon nécessairement éloigné du lieu d'habitation. Il est lié à l'exercice d'une activité, à la plus ou moins grande stabilité de l'emploi, il s'identifie à un système de relations propre à chaque branche d'activité et à chaque type d'entreprise, la mine, l'usine, le chantier du bâtiment, l'atelier.

Le lieu d'habitation, c'est-à-dire le logement, est plus spécifique de la condition d'étranger. En d'autres termes, il est plus fermé que le lieu de travail. Lié à sa condition matérielle

---

1. Les étrangers sont à plus de 90 % intégrés dans la vie urbaine.

d'existence, il est imposé ou choisi, mais, même dans le second cas, déterminé par un petit nombre de facteurs impératifs. Imposé, c'est le « foyer », la « cité de transit », plus ou moins associés structurellement et spatialement à l'entreprise d'emploi. Choisi, c'est le bidonville, l'hôtel meublé, l'immeuble vétuste à loyers dérisoires ou « squatterisé » ; à un niveau supérieur, le logement sollicité dans un immeuble social, un HLM, où l'on admet une proportion prédéterminée d'étrangers. Dans tous les cas, il est une pesanteur à laquelle l'occupant cherche à échapper, la *solitude* qui revêt deux formes : l'isolement de l'individu éloigné de son milieu de vie antérieur parmi des inconnus qu'il devra apprendre à connaître, même s'ils sont de la même souche que lui, et la prise de conscience du sort d'étranger dans une société autre que la sienne.

Par opposition au lieu de travail qui est un lieu de vie collective imposée et réglementée – donc limitée –, le lieu d'achat et de consommation est un lieu de rencontre libre. Il est doublement prédéterminé ; il doit être en harmonie avec les possibilités et les intentions de dépense de travailleurs à bas salaires et souvent pourvoyeurs de ressources à une famille éloignée ; il doit recréer un environnement conforme à l'imaginaire traditionnel de l'immigré.

Sous sa forme élémentaire, c'est une boutique, un café, tenus par un compatriote, une rue commerçante ou un marché où sont vendus, dans un cadre de présentation approprié, denrées et objets importés du pays, de présentation familière et d'usage habituel aux intéressés. On a connu naguère les petits commerces italiens, grecs, espagnols. Ils sont remplacés aujourd'hui, à Marseille ou à Lyon, comme dans les quartiers nord de Paris et les banlieues limitrophes, par des commerces arabes spécialisés pour la clientèle maghrébine, mais qui recherchent, par ailleurs, une clientèle diversifiée. Certains marchés « exotiques » dépassent la fonction d'élément de la vie quotidienne locale et exercent une fonction commerciale régionale ou même interrégionale en étant les centres de vente et de redistribution des produits d'importation. Ils attirent une clientèle souvent lointaine, venue de tous les lieux d'immigration maghrébine ou orientale, celui du centre de Marseille, celui de la Goutte d'Or et de Barbès à Paris par exemple.

Chacun de ces lieux porte en lui sa propre ambiguïté, issue de sa bivalence ; il est porteur d'identité par rapport à une collectivité donnée et, en même temps, il fait fonction d'espace de contact et de transition.

Le lieu de travail est un lieu de rencontre avec le milieu d'accueil. Cette rencontre s'effectue sous des formes multiples. La variété des cas est presque infinie entre l'atelier où le compagnon étranger travaille avec le patron français (français souvent « par acquisition », mais d'une autre origine géographique et ethnoculturelle : l'Algérien chez le maçon d'origine italienne...) et l'usine de construction automobile où il fait partie d'une équipe composée majoritairement, sinon exclusivement, de compatriotes, dirigée de près ou de loin par la maîtrise française. Dans ce cas, le contact est celui de dominé à dominant, impersonnel, limité à l'observation d'un certain nombre de conventions dans l'exercice des tâches, le respect des règlements de sécurité, la ponctualité à l'égard des horaires expliqués par l'intermédiaire d'un interprète et rappelés par un code d'images.

Le lieu d'habitation est une fraction de l'espace d'existence du travailleur isolé. Tout se passe comme s'il était pensionnaire d'un complexe associant les baraquements, le foyer, la cantine, le bazar intégré et l'usine. A peine l'étranger se sent-il un peu plus indépendant quand il est logé chez un compatriote, patron d'hôtel meublé. Dans sa représentation des espaces de sa vie, le travailleur isolé de sa famille ne considère pas les lieux où il « campe » près de l'usine ou du chantier comme un « domicile ». Il a laissé son domicile en même temps que sa famille au pays d'origine. Il est en voyage. Et c'est pour rompre la monotonie de ce voyage immobile qu'il rejoint ses compagnons de travail ou simplement de dépaysement dans le café qui joue le rôle d'annexe du foyer. Maigre client du petit commerce d'importation, il y trouve au moins un lieu de conversation, de communication dans sa langue, et une ambiance de formes, de couleurs et d'odeurs qui lui sont familiers.

Tout est différent quand il s'agit non plus d'hommes seuls, mais de familles. Ce fut, d'une manière générale, le cas des immigrations de la première moitié du siècle. L'homme venu en reconnaissance appelait sa famille quand il avait trouvé du travail, ou bien la famille arrivait au complet à l'annonce de créations d'emploi transmise par l'Office national de l'immigration, ou « remontée » le long d'une filière traditionnelle. Jusqu'au début de la décennie 1960, l'immigration algérienne a été surtout une immigration temporaire sur contrats annuels ou pluriannuels d'hommes seuls. Un certain nombre de ces immigrants ont plus ou moins rompu avec leurs racines. Ils constituent encore un cinquième ou un quart de l'immigration maghrébine. Mais l'évolution générale, favorisée par la politique du gouvernement, a été celle de la reconstitution des familles au lieu de l'immigration. Dès lors, les conditions de rapports avec les trois types de lieux fonctionnels de la vie sociale de l'immigré, emploi, habitat, chalandise, changent. D'individuelles, les relations deviennent familiales. Les besoins ne sont pas les mêmes, les facilités et les difficultés de relations sont d'un autre ordre. Suivant les nationalités et les traditions socio-culturelles, les femmes cherchent du travail ou s'abstiennent d'exercer une activité professionnelle. A Paris, sur 32 000 Portugais actifs, 16 000 sont des femmes... Sur 26 000 Algériens actifs, moins de 3 000 sont des femmes occupées généralement dans de petits commerces familiaux.

Le travail des femmes n'est pas le même que celui des hommes ; il ne s'exerce pas aux mêmes lieux. La mobilité journalière des uns et des autres diffère, les formes de contacts sociaux avec le milieu ambiant aussi. Mais, surtout, les rapports avec le logement ne sont pas les mêmes suivant la répartition de l'activité professionnelle entre les hommes et les femmes. Et, paradoxe de fait, les disponibilités pour payer un loyer – et, par voie de conséquence, exercer un certain choix entre les conditions de résidence – sont plus grandes quand la femme travaille au dehors que lorsqu'elle reste toute la journée à la maison. Les contradictions s'accentuent au prorata du nombre des enfants (ci-dessous, p. 143).

La présence de familles complètes augmente la « chalandise » au bénéfice des commerces adaptés à ce type de clientèle, anime les lieux de marché.

A travers les deux termes d'espace de vie familiale, le logement et la rue – en donnant à celle-ci le sens concret d'espace de circulation et de commerce –, comment s'ordonnent les différents types de contact, l'expérience étant donnée par les quartiers de forte concentration de travailleurs étrangers des grandes métropoles, Marseille, Lyon, Paris ?

Contacts et voisinage

Toute communication passe par le langage. Quand il y a similitude de langues appartenant à un même groupe, le contact s'effectue par approximations successives réciproques. Ce fut le cas de l'accession à la pratique du français d'usage banal des immigrés issus des pays latins de la Méditerranée, et encore ajourd'hui des Portugais.

L'obstacle est beaucoup plus grand pour les immigrés de langue arabe ou de langue africaine tropicale, qui, souvent, n'ont de leur propre langue qu'une pratique orale. Il est atténué pour les hommes par la persistance d'un usage partiel du français dans les pays anciennement acculturés par la langue française (Maghreb, pays africains francophones). Mais la langue de la famille – celle des femmes et des enfants – est l'arabe ou le dialecte. L'homme acquiert, sur son lieu de travail, un langage de base qui lui permet le minimum de communication professionnelle. La femme est privée de moyens de compréhension avec le milieu extérieur à celui de l'immigration, enfermée dans un ghetto linguistique qui est celui de l'ensemble des femmes d'une collectivité allogène de même souche, groupée dans la même unité bâtie. Et, dans ces conditions, on comprend le désir de s'intégrer à de telles collectivités pour échapper à la solitude et bénéficier d'une quelconque forme de solidarité. Mais c'est justement l'inverse de ce que souhaitent généralement les gestionnaires du patrimoine immobilier et les responsables des administrations locales. La recherche d'un environnement familier et sécurisant aggrave à terme l'isolement et la prise de distance à l'égard de la société ambiante.

La vie sociale de la famille immigrée « allogène » et « allophone » crée ses propres unités de voisinage. Tout événement familial, toute fête religieuse est occasion de réunions d'originaires du même village ou de compagnons de travail venus du même pays. En raison du nombre élevé de personnes par ménage, ces réunions, tenues dans la tradition même des réunions de villages, assimilables à ce que furent autrefois les veillées des campagnes, rassemblent plusieurs dizaines de personnes dans des logements exigus, mal insonorisés, et créent des éléments de défiance ou de conflit face aux autres occupants de l'immeuble ou du quartier.

Hors du domicile, la recherche d'appui auprès des compatriotes pour se sentir plus fort dans les relations avec l'employeur ou le logeur, d'une façon générale pour s'assurer une reconnaissance de fait et des garanties de prise en considération de la part des entreprises et des pouvoirs locaux, débouche sur la formation de groupes plus ou moins structurés. Sur le lieu du travail, la possibilité d'adhérer à un syndicat est une occasion de se grouper et de trouver un terrain d'intérêt commun avec des compagnons de travail appartenant à une autre communauté, les autres travailleurs étrangers, les travailleurs français de même catégorie. Sur le lieu d'habitation, c'est la vie associative organisée de l'extérieur sur la base d'initiatives charitables ou de mouvements revendicatifs, ou de l'intérieur par des membres de la collectivité immigrée installés depuis longtemps, ou, au contraire, par les éléments les plus jeunes porteurs d'un message d'identité plus ou moins teinté de référence religieuse.

La participation à la vie économique donne droit aux avantages sociaux assurés à tous. Outre les aides financières accordées aux familles, l'accès à la Sécurité sociale et à l'enseignement sont les deux principales formes de rencontre institutionnelle autant que fonctionnelle des communautés immigrées et de la communauté nationale, concrétisées par l'hôpital et l'école. Si l'hôpital est le lieu de sauvegarde de l'intégrité physique du travailleur et de sa famille, il ne se prête qu'à des formes restreintes et particulières de communication. Le lieu de rencontre de cultures différentes est essentiellement l'école. Elle bénéficie d'une image mythique : c'est elle qui doit permettre aux enfants de ne pas devoir parcourir le dur itinéraire des parents en donnant à la fois des moyens de promotion économique et sociale, l'ouverture sur le monde extérieur et l'égalité. Mais ce mythe est plein de contradictions. L'école est, en dépit de certains aménagements qui ne sont d'ailleurs pas dépourvus d'ambiguïté, l'école des Français. Il y a dualité entre la langue de l'école et celle de la famille, entre deux conceptions de l'univers et des rapports humains. Cette dualité impose une pédagogie plus lourde à rythme lent, écarte une partie des familles françaises et altère un des terrains théoriques de communication entre les deux communautés, généralement recherché par les familles maghrébines désireuses de s'implanter.

Les difficultés rencontrées à sortir du ghetto culturel le plus *étranger,* au sens propre du mot, que la France ait jamais connu dans son histoire de l'immigration, impliquent un danger sérieux : le repli sur des valeurs spécifiques et l'exigence de la reconnaissance de tout le patrimoine culturel, linguistique et religieux importé, c'est-à-dire celle du *droit des minorités* et de leur privilège à bénéficier de la condition de la majorité sans rien abandonner de sa propre identité. Dans la situation présente, c'est l'intégrisme, porteur de fanatisme, dont le triste symétrique est le racisme, l'un entretenant l'autre, et l'un et l'autre étant la pire menace pour la paix publique, sous la fallacieuse référence à un vague multiculturalisme.

Perspectives et blocages

On n'aborde jamais le sujet des migrations sans hésiter sur l'épithète à associer au mot migration : saisonnière, temporaire, définitive. Il était tentant naguère de confondre définitive avec lointaine et temporaire avec frontalière ou de voisinage (à tous les sens du mot). En même temps, on suggérait implicitement que l'émigration temporaire n'impliquait aucune aliénation culturelle, tandis que l'émigration définitive appelait « assimilation » à terme. Cette approche apparaît aujourd'hui beaucoup trop simplificatrice, notamment en ce qui concerne la présence des étrangers en France. Il faut d'ailleurs, dans tous les cas, distinguer les « intentions » et les « réalités ». Combien de migrations conçues initialement comme temporaires sont devenues ou sont en train de devenir définitives... On serait tenté d'ajouter que le passage de l'une à l'autre est, dans la plupart des cas, un problème de génération, qui se double, sur le plan juridique, d'un changement de statut. Le passage de l'intention à la réalité entraîne une reconsidération des formes et de la nature des relations durables avec la société ambiante et, en même temps, une certaine distanciation à l'égard du milieu d'origine, même si elle n'est pas exempte d'une certaine nostalgie à l'égard d'un passé aujourd'hui par ailleurs largement périmé (ci-dessous, p. 141 à propos du mythe du retour).

La période intermédiaire entre les deux guerres mondiales a été dominée par la contradiction permanente entre l'économie française à la recherche de main-d'œuvre italienne et le désir du gouvernement fasciste de garder sa population à la fois comme main-d'œuvre et comme argument pour justifier une politique d'expansion. L'immigration italienne était partagée entre ceux qui, sensibles à la propagande fasciste, recommandaient le retour à leurs compatriotes et ceux qui menaient le combat antifasciste à l'extérieur et, de ce fait, se considéraient comme réfugiés à plus ou moins long terme, sans exclure ceux qui, plus ou moins indifférents aux affrontements de leur pays d'origine, s'assuraient une installation durable en France, notamment dans le cadre des petites entreprises du bâtiment. Que reste-t-il aujourd'hui des débats passionnés des cafés de Marseille ou d'Aboué[1] ? Le « miracle italien » a facilité le rapatriement de ceux qui avaient conservé des liens avec les lieux de départ. D'autres sont venus à l'appel de la sidérurgie au temps de son essor. Puis, progressivement, le nombre des Italiens a diminué partout où leur présence avait été la plus remarquée jusqu'au début de la décennie 1960. Retours, mais surtout acquisition de la nationalité française dès la première génération et dilution des descendants dans la communauté française. Seule une fréquence des noms à consonance italienne rappelle aujourd'hui une immigration qui, en son temps, a provoqué quelques reticences et même quelques heurts. Il en fut de même pour l'immigration espagnole dans l'ensemble du Languedoc et du Bassin aquitain, pourtant dramatiquement accrue par l'afflux des réfugiés à la fin de la guerre civile (1939). Désormais, on ne relève plus que de légers pourcentages d'Espagnols, même dans le Midi, à l'exception du département des Pyrénées-Orientales, sans commune mesure avec la place prise par les Portugais dans la population étrangère depuis vingt ans. Mais, pour eux aussi, la lecture des annuaires professionnels ou des listes électorales témoigne de l'importance de l'insertion des familles espagnoles dans la

---

1. Georges Mauco, *Les Etrangers en France*, p. 339.

communauté régionale et nationale. La décantation s'est faite entre ceux qui ont choisi le retour et ceux qui se sont définitivement installés. Dans les deux cas, le changement des conditions politiques et économiques a modifié la propension à l'émigration, donc l'entretien d'une collectivité italienne ou espagnole en France [1].

L'actualité du problème s'est transférée à propos de deux apports nouveaux en France : celui des Portugais et celui des Maghrébins. L'immigration portugaise est comparable, à beaucoup d'égards, à ce que fut, depuis un siècle, l'immigration italienne et espagnole. Si, aujourd'hui, elle échappe à une pression politique, elle reste motivée par des difficultés économiques qui maintiennent un écart très sensible entre la rémunération du travail dans le pays d'origine et en France, et sur le pouvoir d'achat de la monnaie exportée, notamment en ce qui concerne les biens fonciers et immobiliers. Mais elle est conçue majoritairement comme un expédient temporaire pour constituer un capital transférable et valorisable au lieu de départ. Il s'agit donc, dans la très grande majorité des cas, d'une migration conçue et acceptée comme temporaire, même si les intéressés cherchent à acquérir une plus haute qualification pour eux ou pour leurs enfants dans le pays de séjour. Cette attitude s'associe, par définition, à un comportement apparemment contradictoire, la participation aussi poussée que possible aux modes de vie et à la culture de base du pays d'accueil, la France, et en même temps le maintien des liens avec le pays de départ, relations familiales, transferts d'argent, déplacements annuels à l'occasion des congés, des fêtes de famille ou de la réalisation d'opérations financières. Le bilan des retours et des installations ne pourra être fait que lorsqu'il sera possible de mesurer le taux d'assimilation au niveau de la seconde ou de la troisième génération. La poussée migratoire s'est effectuée il y a vingt ans. Il n'est pas possible de l'établir dès maintenant. Mais l'analyse de cas individuels laisse à penser que l'histoire de la migration portugaise ressemblera

---

1. Dans des conditions un peu différentes, la collectivité polonaise immigrée entre les deux guerres mondiales, amputée par des retours, privée d'un sang nouveau, achève de se fondre dans l'ensemble national.

beaucoup à celle des migrations italienne et espagnole de la première moitié du siècle, avec sans doute un taux de retours plus élevé.

Mais il s'agit de la fin d'une époque dans l'histoire des migrations intra-européennes. L'immigration portugaise apparaît aujourd'hui comme la dernière immigration européenne. La baisse générale de la fécondité et l'élévation des niveaux de vie dans l'ensemble des pays européens est en train de tarir les sources d'une émigration potentielle, même si les taux de chômage sont inégaux. L'émigration européenne ne sera plus ce qu'elle fut pendant près d'un siècle. L'immigrant des trois décennies postérieures à la Seconde Guerre mondiale est encore un travailleur non qualifié, contraint d'accepter, pour survivre, des formes et des conditions de travail que bien peu d'Européens se résoudraient à accepter aujourd'hui, dans un contexte social qui, généralement, les en dispense, même dans de mauvaises conjonctures économiques (soutien apporté aux chômeurs en particulier). L'Allemagne a encore récemment stimulé une certaine immigration grecque et yougoslave qui a eu un faible écho en France par transfert de quelques familles. La coupure politique de l'Europe restreint l'étendue du possible « bassin d'émigration » du continent.

La conséquence du tarissement des sources d'émigration européenne, à l'exception de la dernière, la source portugaise, a été l'appel à une main-d'œuvre de remplacement qui a paru se situer dans le cadre des relations historiques, du fait qu'elle venait de pays où la langue de communication était le français – avec, en contrepartie, les séquelles d'un contentieux conflictuel –. Le flux a dépassé les perspectives initiales pour deux raisons.

La première est qu'il est apparu nécessaire, devant la situation créée par la transition d'une immigration passagère à une immigration de séjour pour un grand nombre d'hommes venus seuls en laissant leur famille dans le village de départ, de faciliter les « regroupements familiaux ». Le premier résultat enregistré statistiquement est l'accroissement de la proportion d'« inactifs », femmes et enfants de moins de 15 ou 20 ans (un tiers ou un quart des Algériens dans les départements des Bouches-du-Rhône et du Rhône par exemple). Les conditions d'habitat, de prestation de services publics s'en trouvent modifiées (ci-dessus, p. 113), mais, en même temps, le problème des relations avec la population française est posé en termes nouveaux. Aussi longtemps qu'il y eut dissociation entre le milieu culturel d'origine et l'environnement du travail, le problème de la participation à la société française ne s'est pas posé, l'immigré était un « voyageur » ; mais aujourd'hui il est devenu un « habitant ».

Second facteur de distorsion entre phénomène migratoire et conjoncture, la réduction progressive, et en même temps massive, des motivations de recours à l'immigration. On incrimine volontiers la « crise » rendue responsable du chômage, mais cette crise est plus technologique que conjoncturelle et se situe au sein d'une transformation sur le long terme amorcée depuis longtemps déjà, ce qui pouvait rendre prévisibles les difficultés actuelles il y a au moins quinze ans[1]. Certes, il reste dans tous les secteurs des postes d'ouvriers non qualifiés ou d'« ouvriers qualifiés », c'est-à-dire en l'espèce de manœuvres et d'ouvriers appelés à un minimum d'initiative sans besoin de formation. Mais l'évolution générale de la mécanisation et de l'informatisation des processus de travail dans l'industrie et même sur les chantiers extérieurs conduit à une réduction ininterrompue du nombre des emplois pour lesquels on avait recours aux immigrés. Le taux de chômage est presque le double de celui des travailleurs français qui, pour l'ensemble, se classent dans les catégories d'emplois plus qualifiés, et ceci en dehors de toute discrimination de nationalité, au moins en ce qui concerne les grands nombres.

Il n'est pas surprenant, dans ces conditions, que l'on ait arrêté l'appel à une main-d'œuvre désormais en grande partie inutile, au moment même où l'on « sédentarisait », par les regroupements familiaux, celle qui était entrée avant 1975. Le problème social de l'immigration n'est donc plus celui du plus ou moins grand nombre des entrées, mais celui de la place tenue par une population exogène, qui se reproduit désormais *in situ* et doit être, de ce fait, capable de répondre à un

---

1. Pierre GEORGE, « [La crise] Plus profonde que le pétrole », in *Krisis* 1985, *La Liberté de l'Esprit*, n° 9-10, Paris, Hachette, 1985, p. 69-78.

nouveau système d'offre d'emploi impliquant une formation adéquate. C'est plus le problème des jeunes en nombre croissant que celui des immigrés d'il y a plus de vingt ans qui approchent du terme de leur vie active. Pourtant, il ne faut pas exclure, pour une proportion indéterminable à l'avance, l'hypothèse du choix d'un retour imposé par la prise de conscience d'une perspective de chômage illimité. Alternative entre le retour et la lutte pour de nouvelles formes de prise en considération des « droits acquis » par la participation à l'action productive pendant un temps plus ou moins long. Pour l'entreprise et pour l'administration française, le retour de l'immigré se solde par une double dépense, en indemnités de réinsertion au pays de départ et en coût de formation préalable. Il s'accompagne, en outre, d'un accord de principe avec le pays d'origine. Pour celui-ci, en effet, le rapatriement de ses émigrés a un double aspect, contradictoire, la reprise en charge d'un individu isolé ou d'une famille, le bénéfice théorique de recevoir un travailleur qui a été formé aux cadences et à certaines techniques de base du travail en France. L'écart de développement est tel que le travailleur revenu au pays de départ ressent les effets du décalage technique et organique entre les deux pays. Il a l'impression d'un recul promotionnel auquel il cherche souvent à échapper en s'établissant à son compte comme artisan ou comme transporteur indépendant. Il y acquiert une certaine liberté, la possibilité de revenus non alignés sur des normes officielles. Mais, en contrepartie, il n'apporte pas une contribution directe à une meilleure productivité de l'industrie nationale. Son retour est économiquement inutile et peut, à la limite, être considéré comme parasitaire. Sa famille, si elle a souffert de conditions difficiles de séjour en France, ne se réinsère cependant pas sans éprouver, dans une société avec laquelle elle a perdu le contact, un certain sentiment de frustration. Le décalage est d'autant plus sensible que le retour ne s'effectue qu'exceptionnellement au village d'origine où la réinsertion dans l'économie agricole est improbable, mais dans des villes qui souffrent actuellement de surpeuplement et d'une grave crise du logement. Les immigrés n'ignorent pas ces difficultés et ces risques. Les séjours de vacances ont fait percevoir aux uns et aux autres, notamment aux enfants fréquentant l'école française, la « déchirure » progressive, les jalousies. Dans ces conditions, l'acceptation de l'aide au retour est l'aboutissement d'un long débat interne. On estimait, à la fin de 1985, que 18 000 à 20 000 procédures de retours assorties de l'octroi d'indemnités avaient été conduites à terme au cours de l'année, et l'on évaluait à 40 000 ou 45 000 personnes le nombre d'étrangers (travailleurs et leur famille ou travailleurs isolés) ayant quitté le territoire français à ce titre (les Maghrébins figuraient dans l'ensemble pour un peu plus de la moitié, les Turcs pour un peu plus de 10 %, les Portugais pour 25 %), soit 1 % du nombre total d'immigrés résidant en France ... un élément mineur du bilan migratoire, en dépit des sacrifices financiers consentis et de la propagande faite surtout dans les grands établissements industriels procédant à des réductions d'emplois. En dehors des retours subventionnés, un certain nombre de départs spontanés de migrants intentionnellement temporaires, après un temps de séjour plus ou moins long, augmente quelque peu l'effectif des partants.

Si, aujourd'hui, le remplacement des travailleurs étrangers parvenus à l'âge de la retraite ou décidés à rentrer au pays d'origine ne s'effectue plus par des arrivées massives de forces de travail fraîches dont l'économie n'a plus besoin, comme ce fut le cas au temps de la *noria* de célibataires ou d'hommes seuls de la décennie 1950, le nombre des étrangers reste stable ou augmente dans la mesure où le renouvellement est assuré sur place par la fécondité des familles reconstituées sur le territoire français depuis une quinzaine d'années. Les deux formes d'érosion des collectivités immigrées, retours et acquisition de la nationalité française, sont colmatées par les naissances issues de ménages étrangers résidant en France : 80 000 par an environ entre 1975 et 1982, la régularisation des entrées clandestines (près de 150 000 entre 1981 et 1983) et de nouvelles arrivées correspondant en majorité à ce que les statistiques officielles qualifient d'« immigration familiale ».

Les communautés étrangères évoluent de manière complexe sur le plan démographique. La population active vieillit, puisqu'elle n'est pas renouvelée par l'entrée d'immigrants jeunes. L'immigration familiale et les naissances au lieu de résidence exercent une influence de sens inverse vers le rajeunis-

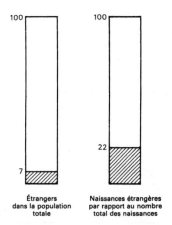

Fig. 23. – Population étrangère et naissances étrangères
en France en 1980 (en %).

sement[1]. Le problème majeur des relations entre l'immigration
et le milieu d'accueil n'est plus de savoir si les travailleurs venus
à l'appel d'une économie alors ascendante s'« assimilent » plus
ou moins aisément, mais celui du destin de ceux qui appartiennent à des classes d'âge nées en France ou à l'extérieur,
mais résidant et scolarisés en France, appelés à postuler des
emplois sur place au fur et à mesure de leur accès à l'âge
actif et en rapport avec la qualification professionnelle qu'ils
auront acquise. Depuis 1982, 327 000 enfants de nationalités
étrangères sont arrivés à l'âge du travail, 600 000 sont encore
en cours de scolarité, 300 000 à l'âge préscolaire.

Depuis le début des années 1970, le dixième des enfants
qui naissent en France ont un ou, le plus souvent, deux
parents étrangers (*fig. 23*). Les enfants d'origine étrangère sont
probablement plus nombreux, car il faudrait tenir compte de
l'arrivée en France chaque année, depuis dix ans environ, de
20 à 25 000 enfants et adolescents de moins de 16 ans au
titre de l'immigration familiale[2]. Au début de la décennie 1980,
la moitié des naissances issues de mères étrangères étaient

---

1. Les regroupements familiaux concernent en majorité des ménages jeunes
dont une partie des enfants naît en France.

2. M. GUILLON, « Natalité des étrangers et renforcement de la pluriethnie.
Le cas de la France », *Espace, Populations, Sociétés,* 1983, II, p. 105.

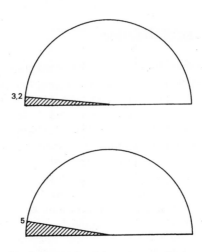

Fig. 24. – Proportions comparées de la population maghrébine totale dans la population française (en haut) et des jeunes Maghrébins de moins de 15 ans par rapport aux classes de même âge de la population totale (en bas).

d'origine maghrébine, mais l'importance numérique de natalité de référence algérienne doit être mise en rapport avec deux données différentes, l'indice conjoncturel de fécondité calculé pour les femmes d'origine maghrébine, 6,3 pour les Tunisiennes, 5,7 pour les Algériennes et les Marocaines (Portugaises 3,3, Françaises 1,8) et la composition par sexe de l'effectif global des populations concernées. On ne pourra calculer un « rythme de croisière » à moyen terme que lorsque les regroupements familiaux pourront être considérés comme achevés, et quand on disposera d'un temps d'observation suffisant pour apprécier les tendances à variation positive ou plus probablement négative de la fécondité des femmes installées en milieu français. Dans l'immédiat, l'ensemble des facteurs joue dans le sens d'un accroissement à moyen terme de la part des naissances étrangères, et spécialement maghrébines, dans le total des naissances enregistrées en France. A moyen terme, cet accroissement pèse sur la répartition des origines culturelles des enfants des écoles (*fig. 24*).

Jeunesse et scolarisation

Jusqu'à la décennie 1960, seuls les immigrés d'origine européenne sont venus en majorité accompagnés par leur famille et ont contribué à la natalité française comme le souhaitaient, entre 1945 et 1950, ceux qui s'alarmaient de la baisse de la fécondité nationale (ci-dessus, p. 16)[1]. Le large recours à une main-d'œuvre masculine temporaire laissant sa famille au pays d'origine, ce qui fut pendant quinze ans le cas de la plus grande partie des travailleurs nord-africains, n'a modifié que très peu le rythme de fécondité sur le territoire national. Le changement survient à partir du moment où l'on favorise les regroupements familiaux en bloquant en même temps les nouvelles arrivées de travailleurs seuls, spécialement en ce qui concerne les Algériens. Le regroupement familial a deux effets : le premier est un rajeunissement de l'ensemble de la population par arrivée, avec leur mère, d'enfants nés à l'étranger, le second est un accroissement de la fécondité générale en raison de la fréquence de familles nombreuses (plus de trois enfants) dans la société maghrébine. Mais les regroupements familiaux n'ont pas rétabli en quelques années l'équilibre des sexes dans la population immigrée d'origine nord-africaine. Les travailleurs les plus âgés restent généralement seuls, parce que les femmes de plus de cinquante ans sont définitivement intégrées dans la famille d'origine et la société rurale locale, ce qui, de toute manière, est sans effet sur la fécondité. Il n'en est pas de même en ce qui concerne les classes d'âge de 20 à 50 ans pour lesquelles, en moyenne, le déficit féminin est de l'ordre d'un tiers, au pire de la moitié. Donc, sur un plan purement arithmétique, la moitié ou les deux tiers des hommes peuvent constituer un ménage.

Les regroupements ont donc augmenté sensiblement, en très peu de temps, la proportion d'enfants dans la population maghrébine en général : 33 % de moins de quinze ans pour les Algériens, 36 % pour les Marocains, 34 % pour les Tunisiens recensés en France en 1982, par association de la fécondité *in situ* et de la « capitalisation » par transfert de la fécondité antérieure. Toutefois, en raison du nombre limité des

---

1. G. Tapinos, *op. cit.*

COMPOSITION DES CLASSES D'ÂGE ACTIF, PAR SEXE ET PAR NATIONALITÉ
(en 1982)

	Hommes	Femmes
Ville de Paris		
Algériens............................	26 000	7 000
Marocains...........................	10 200	4 300
Tunisiens............................	11 300	4 500
Département du Rhône		
Algériens............................	16 000	8 700
Marocains...........................	2 500	1 050
Tunisiens............................	5 700	2 500
Département des Bouches-du-Rhône		
Algériens............................	20 000	9 800
Marocains...........................	5 300	1 700
Tunisiens............................	5 400	2 200
Ville de Marseille		
Algériens............................	11 200	6 200
Marocains...........................	1 500	600
Tunisiens............................	1 800	1 300

« ménages » étrangers par rapport à celui des ménages nationaux, le pourcentage d'enfants nés de couples étrangers et plus particulièrement de couples maghrébins, reste faible sur le plan national, malgré la baisse de la fécondité des familles françaises (suivant les différents modes de comptage 10 à 12 %)[1]. Mais le regroupement des ménages reconstitués dans des cités de transit et dans des habitats sociaux où la dimension de la famille peut atteindre huit ou dix personnes dont six à huit enfants (moyenne de 3 à 5 enfants par ménage) modifie complètement le panorama démographique et social et souligne concrètement la disparité numérique entre ménages français et ménages étrangers. Cette disparité se projette sur la composition des classes à l'école (*fig. 25*)

---

1. M. GUILLON, « Natalité des étrangers et renforcement de la pluriethnie », *Espace, Populations, Sociétés*, 1983, II, p. 104.

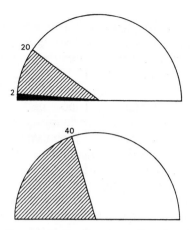

Fig. 25. – Proportions comparées de la part des jeunes de moins de 15 ans dans la population totale (en haut ; en foncé : les Maghrébins) et dans la collectivité maghrébine à Marseille (en bas).

Ambiguïté de la notion de seuil

En présence de l'inégale sensibilité de l'environnement français à l'égard des enclaves résidentielles des étrangers, certains observateurs ont avancé l'idée que la situation risquait de devenir conflictuelle quand la proportion des immigrés par rapport à la population totale dépassait un certain taux, considéré comme indicatif d'un *seuil critique*. En fait, personne ne s'est jamais aventuré à chiffrer avec précision un tel seuil. On se borne généralement à des approximations assez vagues. Ceci est d'autant plus normal que le pourcentage de présence étrangère n'est qu'une expression partielle des rapports quantitatifs réels et de la signification socio-culturelle, c'est-à-dire qualitative, de ces rapports. Première remarque : l'effet de contact et de communication, voire d'antagonisme, diffère suivant que le pourcentage porte sur un collectif d'hommes seuls, vivant à part dans des foyers, des cafés et des commerces de leur appartenance nationale, ou sur une « population », plus exactement sur *des* populations dont les caractéristiques varient suivant la composition numérique entre adultes de chaque sexe, adolescents et enfants, ce qui résulte généralement de l'ancienneté de la présence en France du groupe. Seconde remarque, la structure de la famille donne aux pourcentages une signification toute particulière. La famille française offre, à l'école et à l'organisation des diverses formes d'éducation et d'encadrement, moins de deux enfants par ménage, la famille portugaise, deux à trois enfants, la famille maghrébine en moyenne cinq enfants. En prenant le cas théorique d'un ensemble de 100 logements occupés par 10 % de familles maghrébines, 10 % de familles portugaises, 80 % de familles françaises de 20 à 35 ans, la probabilité de fréquentation scolaire est de 31 % d'enfants maghrébins, de 19 % d'enfants portugais, de 50 % d'enfants français. Le « seuil » de 10 % de logements de familles d'origine nord-africaine correspond donc à un seuil de plus de 30 % de présence d'enfants maghrébins à l'école. Les limites critiques de coexistence peuvent ne pas être en harmonie, et la pression exercée par le « seuil de fréquentation scolaire » entraîne souvent le refus de cohabitation qui n'avait pas été perçu a priori comme dommageable dans les calculs des offices de logement.

Le problème de la tolérance mutuelle de « clientèles scolaires » de souches différentes se pose dans le cadre de la vie locale, des quartiers d'habitat populaire où cohabitent des familles de niveaux de vie comparables, mais de traditions d'existence différentes. C'est un élément de la sociologie et de la géographie humaine des grandes agglomérations à l'échelle des fractions urbaines, et surtout des zones externes où sont transférées les diverses formes d'« habitat social ». Mais le problème général est celui de l'insertion d'un apport d'enfants étrangers dans le creuset de formation de la jeunesse, de préparation à une activité économique et à une condition sociale sur la base de revenus acquis par le travail. Il est assurément compliqué par la concentration géographique des familles étrangères dans un petit nombre de secteurs où les techniques d'enseignement doivent être adaptées non pas à un assemblage numérique conforme à la moyenne nationale d'environ un enfant étranger pour dix enfants, mais à des rapports quantitatifs tout à fait différents allant de 20 à plus de 50 % d'immigrés dont une majorité d'enfants maghrébins ou noirs, apparemment homogène suivant les critères européens d'appréciation par discrimination majeure, mais en fait profondément hétérogène, non seulement par référence de nationalité, mais par origine régionale et ethnique à l'intérieur de chacune des nationalités issues du Maghreb.

Les analyses globales – qui ne peuvent donner que des indications générales plus ou moins significatives – réduisent les difficultés et les retards scolaires à une « situation de classe », qui placerait les enfants dans une même forme de rapports avec une famille incapable de les soutenir dans leurs efforts scolaires, qu'ils soient français ou étrangers, dans la mesure où leurs parents sont des « OS »[1]. L'obstacle liminaire, pour un enfant étranger, est pourtant bien l'insuffisance de maîtrise de la langue de communication qui est son handicap propre. A cet égard, on doit prendre acte de diverses attitudes plus ou moins contradictoires en ce qui concerne le traitement pédagogique de l'outil de base qu'est la langue. Dans l'hypothèse d'une immigration non durable, en d'autres termes dans la perspective d'une propension ou d'une incitation au retour, il est souhaitable de donner aux enfants la double possibilité d'intégration à la société du pays de séjour et de réinsertion dans le milieu d'origine en leur assurant la pratique de deux langues, le français et la langue du pays d'origine de leurs parents. Ce fut fait pour les Italiens et les Polonais entre 1920 et 1935, dans les départements du Nord et de la Moselle. Dans la même intention, en 1973, on a remplacé, dans certaines écoles primaires, trois heures d'« activités d'éveil » par trois heures d'enseignement du portugais.

La situation des Maghrébins et des Africains noirs est différente de celle des Polonais, des Italiens ou des Portugais, parce qu'ils sont issus de *civilisations orales*, où l'expression est dialectale, plus ou moins variée, des dialectes *chleuhs* du Sud marocain, kabyle de l'Algérie, à l'arabe « urbain » d'Alger ou de Casablanca, lui-même assez différent de l'arabe classique et universitaire. Enseigner l'arabe classique et le français consiste à enseigner deux langues étrangères au petit Marocain, Algérien ou Tunisien par rapport à ce qu'il entend parler à la maison. La meilleure preuve en est que, dans les pays intéressés, tout accès à la communication internationale passe par l'apprentissage du français ... quand ce n'est pas directement l'anglais.

---

1. H. BASTIDE, *Les Enfants d'immigrés et l'enseignement français. Enquête dans les établissements du premier et du second degré*, notamment préface d'Alain GIRARD, Institut national d'études démographiques, Travaux et Documents, n° 97, 1982, 280 p.

La base de toute scolarisation et de toute formation des enfants maghrébins et africains passe, en dehors de toute mythologie idéologique, par l'apprentissage du français, même dans la perspective d'un retour éventuel. C'est pourquoi on a judicieusement essayé d'éviter le « retard scolaire » des enfants étrangers en créant, à partir de 1965, des classes spéciales pour leur donner une formation accélérée en langue française, procédé qui a été critiqué dans la mesure où il replace les enfants dans un nouveau ghetto porteur d'un signe de pénalisation. A travers bien des expériences, on est arrivé, au début de la décennie 1980, à la conclusion que, dans la perspective de l'intégration, dans le monde du travail et dans la société, des enfants d'immigrés, et surtout des plus « alloculturels », il fallait les familiariser de toute façon avec le milieu dans lequel l'énorme majorité d'entre eux auront à vivre, non seulement par l'acquisition et la pratique de la langue, mais aussi par l'observation de tout l'environnement humain, fait d'un patrimoine matériel de constructions et de symboles, de modes d'expression, de métiers. L'hypothèse de travail, qu'elle soit formulée ou non, est que, si chacun peut désirer rester différent des autres, c'est avec les autres qu'il faudra vivre et par conséquent entretenir le dialogue au sens le plus large du terme.

Mais l'enfant se trouve entre deux sociétés : celle dans laquelle il lui faudra trouver sa place professionnelle et exercer ses droits (il ne faut pas oublier en effet que l'immense majorité des enfants d'aujourd'hui constitue de plein droit une partie du corps électoral de demain) et celle d'où il est issu et qui est représentée par ses ascendants. L'enfance, pour lui, est une période particulièrement difficile, beaucoup plus que pour son petit camarade français, beaucoup plus génératrice d'affrontements psychologiques sur tous les fronts. Un mauvais usage des mots fait souvent dire qu'il est placé entre deux cultures. En fait, il n'y a pas symétrie parce qu'il est issu d'une catégorie sociale qui n'émerge que partiellement à sa culture d'origine et à une culture – la culture rurale de la société de départ – avec laquelle il a définitivement rompu[1]. C'est ce que beaucoup d'auteurs, notamment ceux qui ont été engagés dans

---

1. Mohamed Hamadi Bekouchi, « Les jeunes issus de l'immigration face aux mutations », *Dossier Migrations*, CIEM, Paris, n° 26, mai-juin, 1985.

les expériences pédagogiques, reconnaissent en considérant les difficultés scolaires comme manifestations d'un phénomène de classe[1]. Mais le tableau est poussé au noir : analphabétisme des parents et surtout de la mère qui est la gardienne du foyer, rupture avec les supports traditionnels de la société villageoise de la grande famille, affrontements avec les difficultés sordides de la misère, du logement, du chômage. « La langue des parents est celle de personnes analphabètes, donc incapables de communiquer un ensemble culturel cohérent et intact par rapport aux acquis d'origine. Elle est toujours orale, ce qui ne facilite pas son apprentissage didactique. Les jeunes immigrés ne reçoivent que quelques morceaux des " débris " du fondement et des principes de leur culture parentale. »[2] Certes, les commandements religieux et certaines règles régissant les structures familiales constituent un cadre apparent de « modèle social », mais, dans la mesure où le contact avec le pays d'origine s'éloigne dans le temps, le modèle s'atténue. Il n'y a pas équivalence avec ce que la société d'accueil offre, même si elle l'offre mal[3].

L'enfant et, plus encore, l'adolescent regardent vers l'avenir, même si c'est pour le redouter, et non pas vers le passé de leurs parents. Ils sont très vite des étrangers dans *leur* pays, quand ils ont l'occasion d'y retourner pour des séjours de courte durée (vacances dans la grande famille). Ils s'y sentent étrangers et ils y sont traités en étrangers. Il leur reste à tracer leur route dans l'autre pays étranger, celui où ils ont été projetés par la rude aventure de leurs parents. Et la route est étroite.

Le passage de la société parentale à la société urbaine d'environnement, par la rue et l'école, implique un détachement par secousses successives du milieu d'origine. Il n'y a pas de

---

1. Ci-dessus, p. 149.
2. Mohamed Hamadi BEKOUCHI, *loc. cit.*
3. L'alphabétisation en double langue est un luxe réservé à une minorité appelée à jouer un rôle conservateur des « racines » par l'intermédiaire déformant de la presse de langue arabe « classique », qui diffuse l'idéologie des Etats arabes indépendants, mais n'est accessible qu'à une mince couche – relayée par les étudiants venus des pays arabes – appelés à jouer un rôle politique généralement antinomique de l'assimilation et au service des intégrismes étrangers.

commune évolution, mais, pour chacun, une succession de mutations qui rompent un à un les liens avec la famille, libération plus aisée pour les garçons que pour les filles, davantage soumises à la pesanteur familiale. « Malgré quelques maigres contacts avec leur culture d'origine, ils ont grandi dans le bain des institutions françaises et de la vie quotidienne des cités ouvrières de grandes villes ; ils ont assimilé par la " force des choses " la culture de masse de la société occidentale. En tant que jeunes, ils sont à la recherche d'une identité, face à leurs parents (conflits de génération, rejet et/ou ignorance d'une culture à leurs yeux périmée), et face à la société d'accueil (système scolaire inadapté, monde du travail dévalorisé, mode de loisirs différent). » [1]

Le plus inquiétant est que notre système d'enseignement ne répond qu'avec retard à la nécessité de fournir aux nouvelles formes de travail de la révolution technologique en cours un nouveau type de travailleur. Il conserve deux modèles également périmés : un enseignement élémentaire, dévalué et inadapté, et un enseignement professionnel ajusté à un système de métiers en voie de disparition. Seuls peuvent surmonter ce double handicap ceux qui ont acquis une formation générale de niveau relativement élevé leur permettant des reconversions successives suivant les besoins du marché du travail et ceux qui ont acquis une formation de haute spécialisation, en d'autres termes ceux qui, à des degrés divers, ont pu accéder aux enseignements « longs ». Et, ici, on retrouve le problème de classe déjà évoqué ci-dessus. Le jeune étranger qui a été, du fait même de sa localisation dans les habitats ouvriers – fait géographique en même temps que social –, enfermé dans le cycle clos de l'école élémentaire et de la formation professionnelle courte, n'a pas la possibilité de donner sa juste mesure intellectuelle. Il est passé au moule des pauvres. Et, pour ces pauvres, l'accès au travail dans les conditions de la nouvelle économie à haut degré de technicité est particulièrement malaisé.

Paradoxe amer, le rêve des parents a été que leurs enfants n'aient pas à subir les mêmes contraintes professionnelles

---

1. Mohamed Hamadi BEKOUCHI, *loc. cit.*

qu'eux. Les enfants refusent d'ailleurs a priori ce qu'ils considèrent comme une condition insupportable et humiliante. Il n'en est plus question : l'économie moderne n'a plus besoin que d'un petit nombre d'ouvriers non qualifiés pour des besognes disparaissant progressivement à leur tour sous les effets de la généralisation et de la miniaturisation de la mécanisation. Ce qui en subsiste est souvent accompli par les plus marginaux des marginaux, les clandestins, qui ont le triste privilège d'accomplir au rabais les tâches les plus ingrates dont les autres ne veulent plus. Mais la relève professionnelle n'est pas assurée, et les jeunes immigrés, devenus Français, grossissent les rangs des chômeurs.

On retrouve ici une approche géographique du problème. Là où l'enfant étranger est entraîné dans un appareil de formation d'usage général – enseignement long –, il a, comme les autres enfants, toutes ses chances, les difficultés spécifiques étant compensées par la capitalisation des efforts déployés pour les surmonter. Là où il est refoulé dans un système d'acculturation minimale, sans motivations stimulantes, il est marginalisé d'avance, avec tous les risques que cela comporte pour lui et pour la société qui n'a pas su l'adopter. Et c'est là que l'on saisit la double face de la société de ghetto : refuge, lieu de solidarité pour les immigrants, étouffoir et lieu de détérioration, d'élimination des chances de promotion pour la jeunesse. Problème d'urbanisme et de gestion des collectivités locales, autant que de pédagogie sur le terrain. En attendant, seule la solidarité ébauchée à travers la vie associative et les structures de générations dépassant et forçant les limites du ghetto peut apporter une atténuation partielle à ce qui risque de devenir un fléau social localisé au départ dans les foyers de concentration originelle de l'immigration, mais en débordant sous des formes diverses.

CONCLUSION

La présence en France d'une proportion fort limitée d'étrangers, 7 à 8 % selon les estimations, s'accompagne d'une charge passionnelle qui peut surprendre, mais s'explique par la considération de faits distincts des données quantitatives globales. Or, l'analyse de ces faits procède essentiellement de l'approche géographique. Ce n'est pas le nombre ni le pourcentage des immigrés ou de certaines nationalités d'immigrés, c'est leur localisation concentrée dans quelques parties du territoire, dans quelques quartiers de grandes villes, ce sont les conditions d'habitat et les formes de rapports de voisinage associées qui donnent un contenu psychosocial et politique à la présence des étrangers. Naturellement, ce contenu est d'autant plus chargé de préventions que sont sensibles et durables les facteurs de différences. Mais la différence est d'autant plus ressentie qu'elle est représentée par ces collectivités relativement nombreuses, repliées sur elles-mêmes et localement concentrées, porteuses d'une mémoire collective concrétisée par des coutumes et des croyances apportées d'un autre pays. Ce sont autant d'objets d'une analyse géographique qui a, pour préoccupation, la description des collectivités selon leur origine et l'observation des formes d'insertion de ces collectivités dans un espace – principalement un espace urbain –, donc densément et préalablement humanisé. Cet espace est à la fois fraction de ville ou d'agglomération et espace d'activités spécifiques qui sont les activités d'emploi de la main-d'œuvre immigrée.

C'est pourquoi il est apparu opportun d'insister sur les formes d'implantation urbaine dans les régions de plus forte concentration. L'intolérance à l'égard des immigrés, et plus particulièrement à l'égard de certains d'entre eux, procède de deux circonstances qui leur sont également défavorables : ils constituent, avec une couche sociale assez mince, le prolétariat d'aujourd'hui et donc supportent les attitudes de méfiance et de rejet à l'égard des moins favorisés.

Dans cette condition, ils sont chômeurs parmi les chômeurs et les plus exposés au chômage. Les effets dérivés aggravent le préjudice. Pauvres et sans revenus régulièrement assurés, ils sont les plus mal logés et les plus instables dans un habitat où ils peuvent devenir insolvables, mais aussi indésirables. Leurs difficultés d'existence les contraignent à recourir aux diverses formes d'assistance, et ils sont ressentis comme à charge. En même temps, ces difficultés d'existence les incitent au repli hors d'une société qui ne semble pas faite pour eux. Ce tableau où l'on retrouve les différents éléments de l'incompréhension chronique entre milieu dit d'accueil et immigration additionne toutes les préventions qui pèsent sur l'immigration. Naturellement, la totalisation d'ensemble n'est réalisée que dans les cas les plus défavorisés. A la frustration sociale et à l'isolement de la classe la plus basse s'ajoutent, pour certaines collectivités, les effets de leur allogénie, de leur différenciation culturelle, qui suscitent la méfiance, voire la crainte, des populations environnantes. Mais l'aspect sociologique ne peut se passer de référence aux lieux occupés. Chaque lieu est le support d'un groupe social, et les divers groupes sociaux traversent et marquent les lieux qu'ils fréquentent. Ils y appellent des investissements qui les transforment, la construction de logements, la mise en place d'équipements sociaux, d'une infrastructure scolaire. Et une des questions posées partout est celle de savoir dans quelle mesure ces investissements qui modifient la nature des lieux facilitent ou non les contacts, préparent l'intégration ou favorisent, au contraire, la constitution de ghettos. Par ailleurs, tout problème géographique et sociologique entre dans l'histoire, et, ce faisant, change de signification. En un demi-siècle, le contenu national et culturel de l'immigration a été profondément transformé. En vingt ans, l'immigration nord-africaine est passée d'une rotation d'hommes seuls à une fixation de ménages et à une prolifération d'enfants. Au dernier recensement, dans les grandes concentrations d'immigrés maghrébins du Midi et de la région lyonnaise, un tiers des ressortissants algériens, en d'autres termes la majeure partie des jeunes, était né en France. C'est donc aujourd'hui, pour une large part, un problème d'entrée des jeunes issus d'une autre civilisation, mais nés en France, dans la société locale et nationale.

La plupart des discours sur les étrangers sont périmés parce qu'ils s'appliquent aux classes d'âge qui arrivent au seuil de la vieillesse. Le dialogue doit désormais s'engager avec une jeunesse en désarroi qui a connu, dans les circonstances les plus défavorables, le sort des hôtes incertains de quartiers dégradés en démolition ou des plus tristes banlieues ouvrières, tous lieux d'irresponsabilité. Il est modulé à la fois par la situation en place et par le discours des détenteurs de pouvoir. Il est répercuté différemment suivant le cours des événéments concernant les rapports avec les pays d'origine. Il est reçu aussi diversement suivant l'image que l'on se fait du modèle théorique de l'immigration dans le cadre des perspectives à terme et des a priori relatifs aux intentions des intéressés.

Les pays de départ et les organisations internationales demandent des garanties pour assurer éventuellement le retour et la réinsertion dans la société et la culture d'origine (ci-dessus, p. 29). La paix civile implique l'acceptation des règles essentielles de la vie collective dans le pays d'accueil. Les limites des droits respectifs sont toujours difficiles à définir et, comme telles, contestées aussi bien par les théoriciens que par les intéressés. Le discours engendre une terminologie qui n'est pas gratuite, tour à tour traditionnelle ou novatrice : « assimilation », « intégration » ou « pluriculturalisme », « identité », tandis que le Droit poursuit inexorablement sa route : la naturalisation hâte, pour certains, l'accession aux privilèges nationaux ; l'exemple de certains pays voisins invite à l'attribution de droits civiques partiels aux étrangers établis, mais, de toute façon, la succession des générations assure le passage légal de la condition d'étranger, fils d'étranger, à celle de citoyen, père de citoyens. Il reste à savoir où se logera *la différence*, et s'il y aura différence. La réponse vient en partie de l'extérieur d'où s'exercent des pressions conservatrices de l'identité culturelle qui ne veulent pas s'avouer politiques.

Cependant, la triste condition de l'étranger à l'emploi de plus en plus incertain, quel que soit son âge parce qu'il est entré dans la société moderne par la petite porte, est objet d'envie de la part des déracinés des campagnes des pays les plus pauvres. Dans une conjoncture internationale de sous-développement, il se trouve toujours des plus pauvres pour envier le sort des pauvres dans les pays riches. Aussi l'armée des clandestins offrant à des employeurs sans scrupule, souvent issus des vagues précédentes d'immigration, une main-d'œuvre sans défense, grossit-elle dans l'ombre des grandes villes de tous les pays industriels. Elle échappe par nature même aux statistiques. C'est sans doute pourquoi c'est un autre sujet...

Il est pourtant quelques interrogations que l'on ne saurait éluder au terme d'une analyse des faits : pourquoi la présence d'une proportion d'étrangers relativement faible par rapport à l'ensemble de la population est-elle devenue un thème de débat politique ? Pourquoi quelques incompatibilités culturelles et sociales locales alimentent-elles des prophéties apocalyptiques pour les premières décennies du XXIe siècle ?

A la première question, la réponse est d'ordre historique. La méfiance, voire l'hostilité à l'égard de celui qui n'appartient pas à la collectivité installée est une des permanences de l'histoire. Qu'il soit accepté parce qu'il est utile, protégé, ce qui est une façon de le surveiller, l'étranger a toujours et partout été traité en inférieur. Son *admission*, limitée, à titre individuel, dans la société dominante, est une *promotion* qui s'acquiert par de loyaux services et l'acceptation de la loi de cette société. En revanche, toute crise est l'occasion de le rendre responsable des difficultés du moment. Les rapports respectifs sont donc variables suivant la conjoncture, même si leurs termes sont sans relations objectives avec les éléments de cette conjoncture. La tolérance et l'accueil sont signes de croissance et de paix, la xénophobie, révélatrice de malaise économique ou politique. La France, qui est de longue date pays d'immigration, en a fait l'expérience à plusieurs reprises. Même en période calme, l'autosatisfaction de la société nationale transfère sur l'étranger ses phantasmes d'insécurité. L'étranger est désigné comme suspect d'autant plus qu'il appartient au prolétariat, la « classe dangereuse », et, qu'effectivement, ses conditions d'existence, ses frustrations le portent, plus qu'un autre, à diverses formes de marginalité et de délinquance qui sont des phénomènes sociaux plus que des phénomènes ethno-culturels. A la fin du XIXe et au début du XXe siècle, le coupable présumé est l'Italien, comme l'a rappelé Pierre Milza[1], puis le Polonais ou

---

1. Pierre MILZA, *Français et Italiens à la fin du XIXe siècle*, Ecole française de Rome, 1981.

le gitan avant d'être l'Arabe. Dans une société qui aspire particulièrement à être, en tous domaines, assistée et protégée, la peur de « l'autre » engendre la xénophobie, et la xénophobie l'appel à des prises de position rassurantes de la part de l'autorité publique. Désormais, les compétitions politiques risquent de faire monter les enchères...

Il n'y a pas lieu d'être surpris de constater qu'il y a une « géographie du racisme » et du refus de l'étranger, qui s'exprime par la cartographie de la répartition des suffrages au bénéfice des idéologies les plus radicales. La sensibilité à la présence des immigrés est d'autant plus aiguë que les contacts sont fréquents et la présence pesante. Ce sont donc les sous-régions et les villes, les fractions d'agglomérations où les concentrations d'immigrés sont les plus fortes qui sont les lieux d'expression de la xénophobie doublée de racisme quand l'étranger appartient à une autre collectivité culturelle ou religieuse que l'habitant. Les groupes sociaux et les partis politiques qui insèrent le racisme, ou au moins la xénophobie, dans leur discours et leur programme, y font recette. Par effet de retour, la concentration frileuse ou agressive de la minorité dénoncée sur des positions défensives et la recherche d'une justification théorique ou théologique de son identité accroissent la rupture entre les deux sociétés et retardent *sine die* la communication ou la redistribution vers d'autres parties du territoire et d'autres ouvertures d'emploi.

Contrairement à certaines opinions préalables, l'immigration familiale ou les regroupements familiaux, s'ils résolvent les problèmes spécifiques du mal-être de l'homme seul, créent d'autres inhibitions à l'intégration en reconstituant, en milieu étranger, le maillage d'une société hétérogène qui est une société fermée quand elle est musulmane : un *nouveau type de ghetto* conforté par les liens intérieurs plus encore que par le manque d'hospitalité du milieu ambiant.

Ainsi, la réaction à l'égard de l'immigration procède de sa concentration géographique dont les effets négatifs sont aggravés par la distorsion entre les mobiles initiaux de l'appel à la main-d'œuvre étrangère et les besoins actuels de travailleurs non qualifiés, faisant des quartiers d'immigrés des quartiers de chômeurs. Elle est renforcée par la prise en compte de la force d'inertie de la population immigrée : celle-ci se reproduit dans sa propre lignée culturelle avec le minimum de chances d'insertion dans la société et la culture nationales, en dépit de l'acquisition, à la deuxième génération, de la condition juridique de la citoyenneté. Du fait de son propre régime de fécondité, elle s'accroît sur place sans se diluer sensiblement dans le milieu extérieur. L'indicateur statistique de cette cohésion de la société immigrée, dans sa partie maghrébine, donc musulmane, est le taux extrêmement faible de mariages mixtes. Jusqu'à présent, l'incitation à l'assimilation repose entièrement sur l'école dont chacune des deux collectivités attend un service différent, à travers la réalisation d'un même objet immédiat, l'accès à la vie active.

Si la première question est à fondement psychologique, social et politique, la seconde repose surtout sur des constatations d'ordre démographique. La France est sur le point de franchir un seuil déjà dépassé par plusieurs pays voisins, surtout la République fédérale d'Allemagne, qui est le seuil de non-renouvellement des générations. Sa population vieillit. Au début du prochain millénaire, par le seul jeu des naissances et des décès, elle atteindra successivement le point d'équilibre, puis la phase descendante. Cette situation est incompatible avec les exigences d'assistance aux personnes âgées d'une société évoluée. En termes simples, elle met en cause tout le système de distribution des revenus et des retraites. Le renouvellement des jeunes générations implique une alternative : restauration de la fécondité assurant une croissance naturelle, même légère, par le retour à la famille-type moyenne de trois enfants, ou recours constant à une immigration de remplacement et d'apport d'un complément de fécondité, avec le cortège de problèmes psychologiques et sociaux précédemment évoqués. Dans cette hypothèse, la source ne risque pas de tarir d'ici plusieurs générations, mais elle est géographiquement et culturellement strictement délimitée : l'Afrique, et plus particulièrement le Maghreb. La seule population du Maghreb double tous les vingt ans. Elle trouve de plus en plus difficilement sur son sol les moyens d'une survie décente, alors que l'Europe, et en particulier la France, disposent de réserves considérables de ressources brutes, même si des structures d'exploitation viciées engendrent le chômage. En termes strictement démographiques et économiques, le simple mécanisme différentiel de pression de population est générateur de tendances migratoires à sens unique.

Les perspectives des Nations unies – hors de toute hypothèse migratoire – créditent la France de 57 millions d'habitants en 2020 (55 millions, fin 1986), le Maghreb de 125 millions (55, en 1986). On ne peut pas éluder les effets de pression démographique stimulés par l'appel au vide du déficit de fécondité.

Les réactions psychologiques sont diverses : la peur d'une répétition, *mutatis mutandis*, des « grandes invasions » du Ve siècle, la résignation à une cohabitation dans une société multiculturelle où la part des « autochtones » se réduirait de génération en génération, l'absorption progressive et constante d'une immigration nécessaire et inéluctable dans un *melting pot* français [1]. La première relève de la politique fiction, la seconde s'inspire d'une assimilation irréaliste de l'espace français à l'espace américain, encore que le bien fondé d'une société multiculturelle soit contesté en Amérique même. Seule la troisième est conforme à la dimension géographique et historique de la France. Seulement, elle suppose une volonté – et à la base un intérêt – réciproques. Elle était implicite, sinon explicite, quand l'immigrant était un voisin par la géographie et la culture. Elle est conforme à une tradition pluri-séculaire, et pourtant, aujourd'hui, elle est devenue incertaine parce que l'immigré est tenté de se référer à une civilisation radicalement différente, celle dont il a quitté le sol sans rompre les amarres religieuses et culturelles, une civilisation forte de son armature idéologique et sociale et de la dynamique des clans intégristes. Il est d'autant plus tenté de s'en sentir solidaire qu'il est mal accepté par l'environnement dans lequel il se trouve plongé. Encore faudrait-il préciser que parler de l'immigré est une abstraction : le fait social réel est celui de la cellule familiale immigrée.

Dans de telles conditions et face aux éventualités du moyen terme et du long terme, le fait banal de l'immigration est devenu un des soucis politiques les plus sérieux du pouvoir d'Etat, quelle que soit sa référence idéologique.

---

1. Pierre Milza, « Y a-t-il un *melting pot* français ? » *Revue des Sciences morales et politiques*, Paris, Gauthier-Villars, 1986, n° 2, pp. 235-254.

BIBLIOGRAPHIE

PUBLICATIONS OFFICIELLES, PÉRIODIQUES ET REVUES SPÉCIALISÉES

MINISTÈRE DES AFFAIRES SOCIALES ET DE LA SOLIDARITÉ NATIONALE, *1981-1986, Une nouvelle politique de l'immigration,* Paris, La Documentation française, février 1986, 118 p.
INSTITUT NATIONAL DE LA STATISTIQUE ET DES ÉTUDES ÉCONOMIQUES (INSEE) *Résultats des recensements généraux de la population 1975 et 1982,* Fascicules verts, Résultats du sondage au quart par département, notamment le tableau D 12.
Migrations et Sociétés, n° 2, « Les Etrangers au recensement de 1975 » ; n° 6, « Les Etrangers au recensement de 1982 » (avec, dans chaque volume, des indications rétrospectives).
Publications des Observatoires régionaux.

INSEE et DOCUMENTATION FRANÇAISE
Economie et Statistique
Problèmes économiques
Problèmes politiques et sociaux
Regards sur l'actualité

INSTITUT NATIONAL D'ÉTUDES DÉMOGRAPHIQUES (INED)
Dans la revue *Population,* Chronique de l'immigration, par Catherine GOKALP jusqu'en 1975, Michèle BRAHIMI de 1978 à 1981, Michèle TRIBALAT de 1982 à 1986. Depuis 1978, cette chronique figure dans le n° 1 (janvier-février) de chaque année.

Divers articles cités ci-dessous.

Des études de fond dans *Travaux et Documents,* notamment les Cahiers n° 71, 79, 97 et 110.

CENTRE INTERNATIONAL D'ÉTUDE DES MIGRATIONS (CIEM), Paris, publie tous les deux mois les *Dossiers Migrations* depuis 1981 et divers ouvrages diffusés par la librairie l'Harmattan.

REVUES UNIVERSITAIRES :
Espace, Populations, Sociétés, université de Lille I, premier numéro 1983 ; numéro spécial : L'immigration étrangère en Europe occidentale, 1983-II.
Revue européenne des migrations internationales, université de Poitiers, vol. I, 1985.

Ch.-R. AGERON, « L'immigration maghrébine en France, un survol historique », *Vingtième siècle, Revue d'histoire,* n° 7, Paris, Fondation nationale des Sciences politiques, juillet-septembre 1985, pp. 59-70.
Jacques BARON, « Le logement des immigrés », *Dossiers Migrations,* Paris, CIEM, n° 14, mai-juin 1983, 4 p.

Henri Bastide, *Les Enfants d'immigrés et l'enseignement français. Enquête dans les établissements du premier et du second degré*, préface d'Alain Girard, Institut national d'Etudes démographiques, *Travaux et Documents*, Cahier n° 97, Paris, INED et Presses Universitaires de France, 1982, 280 p.

Mohamed Hamadi Bekouchi, « Les jeunes issus de l'immigration face aux mutations », *Dossiers Migrations*, Paris, CIEM, n° 26, mai-juin 1985, 4 p.

Philippe-Jean Bernard (sous la direction de), *Les Travailleurs étrangers en Europe occidentale*, Paris, La Haye, Mouton, 1976, 416 p.

Jacqueline Billiez, « La langue comme marqueur d'identité », *Revue européenne des migrations internationales*, Poitiers, vol. 1, n° 2 (« Générations nouvelles »), décembre 1985, pp. 95-105.

J.-L. Borkowski et Th. Le Jeannic, « L'arrivée en France des immigrés », *Economie et Statistique*, Paris, La Documentation française, mai 1982, n° 144.

N. Boumaza, « Les Algériens dans l'agglomération grenobloise. Différenciations internes, rapports à l'espace », *Espace, Populations, Sociétés*, II, 3, Lille, 1983, pp. 49-55.

Serge Boutot et Danielle Fradet, « Statistiques et échec scolaire des enfants étrangers, mythe ou réalité », *Dossiers Migrations*, Paris, CIEM, n° 9, juillet-août 1982, 4 p.

Giuseppe Callovi, « La Communauté européenne et les migrations. Vers une politique communautaire (CEE) des migrants », *Dossiers Migrations*, Paris, CIEM, n° 29, novembre-décembre 1985, 4 p.

Roza Cealis, Fr. Delalande, Y. Jansolin, Cl.-Y. Marie et André Lebon, « L'immigration clandestine », *Bulletin mensuel des statistiques du travail*, suppl. n° 106, Paris, ministère des Affaires sociales et de la Solidarité nationale, 1983, 61 p.

CENPA-CESURB, Séminaire de recherche sur l'immigration portugaise en Aquitaine, *L'Immigration portugaise en Aquitaine*, présenté par F. Guichard ; articles de J.-C. Arroteia, Michel Poinard, Joël Pailhé, D. de Bortoli, Michel Perez, Monique Perronnet et Micheline Cassou-Mounat, Bordeaux, Centre d'études Nord-Portugal Aquitaine (CENPA), 1986, 102 p.

Yves Charbit et Catherine Bertrand, « Enfants, familles, migrations, dans le Bassin méditerranéen », Institut national d'études démographiques, *Travaux et Documents*, Cahier n° II, Paris, INED et Presses Universitaires de France, 1985, 200 p.

Louis Chevalier, *La Formation de la population parisienne*, Paris, INED et Presses Universitaires de France, 1949, 312 p.

Albano Cordero, *L'Immigration*, Paris, La Découverte-Maspero, 1985, 187 p.

Jacqueline Costa-Lascoux, « L'espace migratoire institutionnel : un espace clos et contrôlé », *Espace, Populations, Sociétés*, II, Lille, 1983, pp. 69-88.

Jacqueline Costa-Lascoux, « Droits des immigrés, droits de l'homme et politique de l'immigration », *Regards sur l'actualité*, Paris, La Documentation française, n° 113, juillet-août 1985, pp. 20-33.

Etrangers (Les) en France, contours et caractères, INSEE, 1983, 64 p.

Anne-Marie Faidutti, *L'Immigration italienne dans le sud-est de la France*, Gap, Louis Jean, 1964, 400 p.

Françoise Gaspard et Claude Servan-Schreiber, *La Fin des immigrés*, Paris, Le Seuil, 1984.

Pierre GEORGE, *Les Migrations internationales*, Paris, Presses Universitaires de France, 1979, 230 p.

Pierre GEORGE, « Vingt-cinq ans d'immigration dans les pays industriels européens », *Espace, Populations, Sociétés*, I, Lille, 1983, pp. 55-60 (sur le même sujet, « Conjoncture économique et migrations internationales », Roma, *Bolletino della Società di Geografia italiana*, 1980, pp. 1-14).

Pierre GEORGE, *Géopolitique des minorités*, Paris, Presses Universitaires de France, 1984, 128 p.

Pierre GEORGE, « Les étrangers en France, étude géographique », *Annales de Géographie*, n° 529, mai-juin 1986, pp. 273-300.

Pierre GEORGE, *L'Immigration italienne en France, 1920-1939*, Publications de l'Ecole française de Rome, 1986, 20 p.

Alain GILETTE, « La communauté algérienne en France », *Dossiers Migrations*, Paris, CIEM, n° 23, novembre-décembre 1984, 4 p.

Alain GILETTE et A. SAYAD, *L'Immigration algérienne en France*, Paris, Editions Entente, 1984, 280 p.

Alain GIRARD (préface de), *Les Immigrés du Maghreb, études sur l'adaptation en milieu urbain*. Quatre séries d'études portant sur Marseille, Lyon et Gennevilliers, Institut national d'études démographiques, *Travaux et Documents*, Cahier n° 79, Paris, INED et Presses Universitaires de France, 1977, 411 p.

B. GRANOTIER, *Les Travailleurs immigrés en France*, Paris, Maspero, 1970, 280 p.

Michèle GUILLON, « Répartition géographique des étrangers dans l'agglomération parisienne. Aspects statistiques de l'Ile-de-France », Supplément trimestriel n° 3, *Etudes*, Paris, Observatoire économique INSEE, décembre 1978, pp. 47-97, 17 cartes.

Michèle GUILLON, « Natalité des étrangers et renforcement de la pluriethnie, le cas de la France », *Espace, Populations, Sociétés*, II, Lille, 1983, pp. 103-116.

Michèle GUILLON, « Les étrangers dans les grandes agglomérations françaises », *Espace, Populations, Sociétés*, 1986, II, pp. 179-190.

Michèle GUILLON, Isabelle TABOADA LEONETTI, *Le Triangle de Choisy, un quartier chinois à Paris*, Collection Migrations et Changements, CIEM, L'Harmattan, 1986.

Solange HÉMERY, « Etrangers et nouveaux immigrés par catégorie de commune », Communication au Colloque de Géographie de la population, Poitiers, novembre 1985, *Espace, Populations, Sociétés*, 1986, II, pp. 171-178.

Solange HÉMERY et O. RABUT, « La contribution des étrangers à la natalité en France », *Population*, 1973, n° 6, pp. 1063-1077.

Belkacem HIFI, *L'Immigration algérienne en France, origine et perspectives de non-retour*, Paris, CIEM, L'Harmattan, 1985, 189 p.

M.-A. HILY et M. POINARD, « Fonctions et enjeux du mouvement associatif portugais en France », *Revue européenne des migrations internationales*, Poitiers, vol. 1, n° 1, septembre 1985, pp. 25-35.

INSTITUT NATIONAL DE LA STATISTIQUE ET DES ÉTUDES ÉCONOMIQUES, « Les Etrangers au recensement de 1975 », *Migrations et Sociétés*, n° 2, Paris, La Documentation française, 1977, 140 p. – « Recensement général de la population en 1982, Les Etrangers, Sondage au 1/20ᵉ », *Migrations et Sociétés*, n° 6,

Paris, La Documentation française, 1984, 112 p. – « Projection de la population étrangère, premiers résultats », 1986 – Observatoire économique de la région Ile-de-France, *La Population étrangère en Ile-de-France*, avril 1985, 34 p.

André LEBON, « Un bilan des retours au pays d'origine des travailleurs immigrés », *Problèmes économiques*, Paris, La Documentation française, N° 1631, 11 juillet 1979, pp. 27-28.

André LEBON, « L'aide au retour des travailleurs étrangers », *Economie et Statistique*, Paris, La Documentation française, n° 113, juillet-août 1979, pp. 37-46.

André LEBON et Elisabeth ZUCKER, *L'Immigration en France en 1983 et 1984*, Paris, OCDE, 1985, 61 p.

Bernard LE CALLOC'H, « La communauté vietnamienne de France », *Acta Geographica*, n° 54, Paris, Société de Géographie, 2ᵉ trimestre 1983, pp. 1-14.

Maria LLAUMET, « Ecole et société », *Dossiers Migrations*, Paris, CIEM, n° 28, septembre-octobre 1985, 4 p.

Danièle LOCHAK, *Etrangers, de quel droit ?*, Paris, Presses Universitaires de France, Collection Politique d'aujourd'hui, 1985, 256 p.

Brigitte LEYNAUD, Jean STEINBERG et LAM THANH LIEM, *Les Réfugiés de l'Asie du Sud-Est dans le XIIIᵉ arrondissement de Paris*, 1984, université de Paris I, 29 p., tableaux et graphiques.

J.B. MAGESCAS et Yves CHARBIT, « Les Etrangers en France », in : *La Population française de A à Z*, Paris, Cahiers français, n° 219, janvier-février 1985, pp. 56-63.

James MARANGÉ et André LEBON, *Démographie, immigration, naturalisation*, Rapport au ministre du Travail, juin 1980, Paris, La Documentation française, 1980, 100 p.

James MARANGÉ et André LEBON, *L'Insertion des jeunes d'origine étrangère dans la société française*, Rapport au ministre du Travail, mai 1982, Paris, La Documentation française, 1982, 270 p.

Jean MASSOT, « Réalités et légendes de la présence étrangère et de la politique d'immigration dans les pays européens », *Dossiers Migrations*, Paris, CIEM, n° 25, mars-avril 1985, 6 p.

Jean MASSOT, « Français par le sang, Français par la loi, Français par le choix », *Revue européenne des migrations internationales*, Poitiers, vol. I, n° 2, pp. 9-20.

Georges MAUCO, *Les Etrangers en France*, Paris, Armand Colin, 1932, 600 p. (Bibliographie couvrant toute la période antérieure).

Georges MAUCO, *Les Etrangers en France et le problème du racisme*, préface de Philippe Serre, Paris, La Pensée universelle, 1984, 240 p.

Hubert de MAUROY, *Le Rôle des étrangers dans la démographie française depuis 1946*, INSEE, Direction régionale de Lyon, octobre 1980, 20 p. (Communication au Colloque international des migrations internes et externes en Europe occidentale, Lille I, 1980).

Frédéric H. MECHERI, *Les Jeunes Immigrés et/ou la quête de l'identité*, Paris, L'Harmattan, CIEM, 1984, 177 p.

Pierre MILZA, « Un siècle d'immigration étrangère en France », *Vingtième siècle, Revue d'histoire*, n° 7, Paris, Fondation nationale des Sciences politiques, juillet-septembre 1985, pp. 3-17.

MINISTÈRE DES AFFAIRES SOCIALES ET DE LA SOLIDARITÉ NATIONALE, Direction de la population et des migrations, 1981-1986. « Une nouvelle politique de l'immigration », *Documents d'affaires sociales*, Paris, La Documentation française, février 1986, 120 p.

Mirjana MOROKVASIC, « L'Allemagne, pays des *Gastarbeiter* devenu pays d'immigration », *Dossiers Migrations,* Paris, CIEM, n° 22, septembre-octobre 1984, 4 p.

F. MUÑOZ-PEREZ et M. TRIBALAT, « La main-d'œuvre étrangère en France en 1982 », *Bulletin mensuel des statistiques du travail,* Paris, suppl. n° 107, 1983.

F. MUÑOZ-PEREZ et M. TRIBALAT, « Mariages d'étrangers et mariages mixtes en France. Evolution depuis la première guerre », *Population*, XL, 1984, n° 3, pp. 427-462.

Daniel NOIN, *Géographie démographique de la France,* Paris, Presses Universitaires de France, 1973, 153 p.

Rinus PENNINX, « Les populations immigrées et l'évolution démographique dans les Etats membres du Conseil de l'Europe », Strasbourg, Conseil de l'Europe, *Etudes démographiques,* 1984, 3 fasc., 58, 86 et II-65 p.

Antonio PEROTTI, « La scolarisation des enfants des travailleurs immigrés », *Dossiers Migrations,* Paris, CIEM, n° 165, septembre-octobre 1983, 4 p.

Antonio PEROTTI, « Nouvelles réalités de l'immigration et nouveaux enjeux pour la société française », *Dossiers Migrations,* Paris, CIEM, n° 27, novembre-décembre 1984, 4 p.

M. POINARD, « Le retour des travailleurs portugais », *Migrations et Société*, Paris, La Documentation française, 1981.

M. POINARD et M.-A. HILY, « Réseaux informels et officiels dans la communauté portugaise en France », *Espace, Populations, Sociétés,* II, 3, Lille, 1983, pp. 57-68.

Laurent RICHER, *Le Droit de l'immigration,* Paris, Presses Universitaires de France, collection « Que sais-je ? », 1986, 124 p.

Pierre ROBERT, « Les étrangers en Ile-de-France, aspects statistiques de l'Ile-de-France », Observatoire économique de Paris, suppl. trimestr. n° 4, Paris, *Etudes,* décembre 1977-janvier 1978, pp. 49-89, 20 tabl., 2 cartes, 3 fig.

Beniamino ROSSI, « La population étrangère en République fédérale allemande », *Dossiers Migrations,* Paris, CIEM, n° 17, novembre-décembre 1983, 4 p.

Gildas SIMON, « L'espace migratoire des Tunisiens en France », *L'Espace géographique,* n° 2, 1976, pp. 115-120.

Gildas SIMON, « *L'espace des travailleurs Tunisiens en France* », Université de Poitiers, 1979, 428 p., 62 fig., 4 cartes h.t.

Bernard STASI, *L'Immigration, une chance pour la France,* Paris, Laffont, 1984, 189 p.

Larbi TAHLA et 19 auteurs, *Maghrébins en France, Emigrés ou immigrés ?,* Extrait de l'Annuaire de l'Afrique du Nord, 1981, Paris, CNRS, 1983, 425 p.

Georges TAPINOS, *L'Economie des migrations internationales,* Paris, Fondation nationale des Sciences politiques et Armand Colin, 1974, 288 p.

Georges TAPINOS, « L'immigration étrangère en France », Institut national d'études démographiques, *Travaux et Documents,* Cahier n° 71, Paris, INED et Presses Universitaires de France, 1975, 143 p.

Emile Témime, « Marseille, ville de migration », *Vingtième siècle, Revue d'histoire,* n° 7, Paris, Fondation nationale des Sciences politiques, juillet-septembre 1985, pp. 37-50.

Eric-Jean Thomas, *Les Travailleurs immigrés : quel statut ?,* Paris, Presses de l'UNESCO, 1981, 249 p.

P.-J. Thumerelle, « A propos de l'immigration algérienne en France », *Espace, Populations, Sociétés,* II, Lille, 1983, pp. 117-132.

« Travailleurs immigrés (Les) », n° spécial de *Après-demain,* Paris, mai-juin 1978, 46 p. Compte rendu du Colloque international sur l'immigration algérienne en France, Grenoble, 28-29 janvier 1983 (Greco 13 du CNRS).

Michèle Tribalat, « La population étrangère en France », *Regards sur l'actualité,* Paris, La Documentation française, n° 118, mars 1986, p. 64. (Voir aussi ses chroniques régulières sur l'immigration dans chaque premier numéro de l'année de la revue *Population.*)

L.J. Uzan, *Problèmes posés par l'intégration des minorités ethniques. « Ilots sensibles », une spatialité du mal-être.* Colloque de l'Association française d'études canadiennes, Créteil, 2 mai 1985, 16 p.

Raphaël-Emmanuel Verhaeren, « Politiques d'immigration en Europe », *Problèmes politiques et sociaux,* Paris, La Documentation française, n° 530, février 1986, 38 p.

J.-Ch. Willard, « Conditions d'emploi et salaires de la main-d'œuvre étrangère », *Economie et Statistique,* Paris, n° 162, janvier 1984.

Catherine Withol de Wenden, « Tendances récentes des politiques migratoires relatives à l'emploi des migrants dans les pays européens », *Dossiers Migrations,* Paris, CIEM, n° 19-20, mars-juin 1984, 8 p.

F. Zamora et A. Lebon, « Combien d'étrangers ont quitté la France entre 1975 et 1982 ? », *Revue européenne des migrations internationales,* Poitiers, I, n° 1, septembre 1985, pp. 67-80.

Table des figures

Table des matières

Achevé d'imprimer sur les presses
de l'Imprimerie Chirat, 42540 Saint-Just-la-Pendue
Dépôt légal novembre 1986 n° 1241
N° A. Colin : 9148